L'EXPÉDITION

DU

DAHOMEY

EN 1890

Avec un aperçu Géographique et Historique et sept Cartes
ou croquis des opérations militaires

PAR

VICTOR NICOLAS

CAPITAINE D'INFANTERIE DE LA MARINE
OFFICIER D'ACADÉMIE

PARIS
11, PLACE SAINT-ANDRÉ-DES-ARTS

LIMOGES
NOUVELLE ROUTE...

HENRI CHARLES-LAVAUZELLE

Libraire-Éditeur.

1892

L'EXPÉDITION

DU

DAHOMEY

L'EXPÉDITION

DU

DAHOMEY

EN 1890

AVEC UN APERÇU GÉOGRAPHIQUE ET HISTORIQUE

SEPT CARTES OU CROQUIS DES OPÉRATIONS MILITAIRES

PAR

Victor NICOLAS

CAPITAINE D'INFANTERIE DE MARINE, OFFICIER D'ACADÉMIE

PARIS
11, Place St-André-des-Arts, 11

LIMOGES
46, Nouvelle route d'Aixe, 46

IMPRIMERIE ET LIBRAIRIE MILITAIRES

HENRI CHARLES-LAVAUZELLE

Editeur.

1892

AVANT-PROPOS

Les événements dont le Dahomey a été le théâtre en 1890 sont généralement peu connus; leur champ d'exploit est lui-même assez ignoré et beaucoup de personnes ne se doutent guère non plus de ce que sont les mœurs et les coutumes de ce pays fermé à la civilisation.

Nous avons donc cru être utile en comblant cette lacune; le lecteur pourra ainsi mieux apprécier tout ce qu'il a fallu de courage et d'abnégation à nos soldats, d'activité et de prévoyance à leurs chefs, pour être parvenus à vaincre un ennemi vingt et trente fois supérieur en nombre, fanatisé par ses féticheurs et marchant au combat avec le plus profond mépris de la mort.

Il verra également combien est juste la cause que nous défendons sur la côte des Esclaves et quel honneur ce sera pour la France d'avoir porté sur ces rives lointaines le flambeau de la civilisation, seul capable de mettre fin à cette plaie hideuse que l'on appelle la traite des esclaves et à ces ignominieuses coutumes d'hécatombes humaines dont la pensée seule fait frémir.

En terminant cette préface, qu'il nous soit permis de donner ici un public témoignage de remerciements à ceux de nos camarades qui se sont intéressés à notre œuvre et ont bien voulu nous communiquer les notes qui nous ont permis de la mener à bonne fin.

Victor Nicolas.

PREMIÈRE PARTIE

GÉOGRAPHIE

Limites. — Hydrographie et orographie.

L'influence politique de la France dans le golfe du Bénin se fait sentir sur toute la bande de territoire limitée : à l'est, par les colonies anglaises de Lagos et de Badagry ; à l'ouest, par les établissements allemands de Pogo, Petit-Popo et Porto-Séguro ; au nord par le Barba ou par des régions vagues.

Entre ces limites, sont compris, en allant de l'est à l'ouest :

1° Le royaume de Porto-Novo ;

2° Le royaume du Dahomey ;

3° Les territoires de Grand-Popo et d'Agoué.

Les seuls cours d'eau que l'on rencontre sont :

L'Addo, rivière sans importance qui sépare le royaume de Porto-Novo des possessions anglaises ;

L'Adjara, qui se jette dans la lagune de Porto-Novo ;

L'Ouémé ou Okpara, qui traverse tout le nord du Dahomey et le limite à l'est ; il constitue la seule voie commerciale et stratégique pour pénétrer dans l'intérieur du royaume ;

L'Ouoo, qui prend sa source dans les environs de Haivegui, sur la route de Whydah à Abomey ;

L'Aô, navigable jusqu'au village de Soni, situé à 40 kilomètres de l'embouchure de la rivière ;

Le Mono ou Batonou sur lequel on peut remonter en pirogue jusqu'au barrage de Togodou, à 80 kilomètres dans l'intérieur ;

Enfin, l'Akrakou, petite rivière assez large, navigable

pour les pirogues pendant quelques kilomètres seulement.

L'Ouémé et l'Ouoo servent de déversoirs à un immense marais appelé Lama ou Co (1), qui ne mesure pas moins de 100 kilomètres de longueur du nord au sud, sur 10 de largeur de l'est à l'ouest.

Tout le long de la mer, de vastes plages sablonneuses sont séparées de la terre ferme par des lagunes généralement peu profondes pendant la saison sèche, mais qui se transforment en véritables lacs à l'époque des grandes pluies.

La plus importante de ces lagunes, le lac Denham ou Nokoué, communiquait autrefois avec la mer par un chenal de sept brasses, qui permettait aux navires négriers de venir s'approvisionner d'esclaves jusqu'au cœur des Etats dahoméens.

La fermeture de ce chenal fut ordonnée par le roi du Dahomey, il y a une cinquantaine d'années, afin de lui permettre de ravager à son aise la presqu'île allant de Kotonou à Lagos et d'empêcher les navires européens de s'introduire dans son pays.

Suivant Pierre Bouche (2) l'étymologie de Nokoué viendrait des mots *maison de la mère* (*no*, mère, *koué*, maison). La légende prétend qu'une femme féticheresse, ayant donné le jour à un enfant dans une grande forêt qui s'élevait sur l'espace aujourd'hui occupé par les eaux, ne voulut pas le nourrir, disant qu'il n'était pas son fils. Celui-ci se mit à courir la forêt appelant à son aide toutes les divinités et surtout Chango, les priant de le venger, de détruire ce bois et la case de sa mère et de prouver ainsi combien il leur était agréable. Chango l'écouta, détruisit la forêt par le feu et la transforma en une lagune profonde.

---

(1) Ces deux mots ont la même signification et veulent dire boue. *Lama* est tiré de la langue portugaise et *Co* du langage indigène.

(2) *La Côte des Esclaves et le Dahomey.*

Les noirs ont une peur affreuse des eaux du lac; ils prétendent que, si un malfaiteur s'y aventurait en pirogue, il serait immédiatement englouti.

L'orographie de nos établissements du golfe du Bénin n'est pas compliquée; elle ne comporte que quelques plateaux peu élevés situés dans l'intérieur. En dehors de ces monticules, le sol, sablonneux ou marécageux, est entièrement plat. Cependant, à partir de Cana, dans le Dahomey, le terrain se relève, devient onduleux, puis montagneux. Au delà d'Abomey, on trouve même des mamelons d'une certaine élevation.

La barre.

La côte du golfe de Bénin est défendue par une barre formée de trois lignes de brisants, dont la plus rapprochée est à environ 300 mètres du rivage.

Cette barre, due à des plissements sous-marins résultant des courants qui contournent le golfe pour descendre vers le sud, est très difficile à franchir. Une vague énorme, fin de la grande houle qui agite l'Océan, vient s'y briser à chaque instant, atteignant quelquefois 80 et 100 mètres de hauteur.

Il faut toute l'expérience des noirs de la côte pour passer cet obstacle sans danger. Avec leurs grandes pirogues armées de dix à quinze pagayeurs, ils savent si bien profiter du moment favorable pour passer à travers les brisants qu'il est excessivement rare de voir chavirer une de leurs embarcations, et c'est fort heureux, car les requins pullulent sur tout le littoral.

Les époques des plus mauvaises barres sont avril et mai.

Construction d'un warf à Kotonou.

Pour éviter les difficultés du débarquement en pirogues, l'administration des colonies a fait construire récemment, à Kotonou, un warf ou appontement en fer, d'une longueur totale de 280 mètres. Il se divise en deux parties, l'une, la passerelle, ayant 236 mètres de long et 5m,30 de large; l'autre, le débarcadère, mesurant 44 mètres de longueur et une largeur beaucoup plus considérable. Le tout est supporté par des pieux de fondation en acier plein de 14 centimètres de diamètre, munis, à leur extrémité inférieure, d'une large vis en fonte de fer. Les pieux sont réunis entre eux par des entretoises et un système de contreventement.

Le plancher de la passerelle supporte deux voies de chemin de fer de 80 centimètres d'écartement. Celui du débarcadère a quatre voies et est muni de quatre grues tournantes.

L'époque du commencement du montage de ce warf ou appontement date du mois de décembre 1891.

Les villes.

La première ville que l'on rencontre en quittant le territoire anglais de Lagos est Porto-Novo, capitale du royaume de ce nom, dont la population est de 20,000 âmes.

Elle est divisée en deux quartiers principaux.

L'un, généralement habité par les Européens, comprend : la résidence du lieutenant gouverneur, des factoreries françaises, portugaises et brésiliennes, les établissements des missions catholiques et des sœurs, ainsi que quelques maisons de commerce, occupées par des traitants du pays ; l'autre ne comporte que des huttes en terre, servant de logement aux indigènes.

Rien de curieux à visiter dans la ville indigène, si ce n'est la ville elle-même, dit Pierre Bouche (1). Elle ne ressemble en rien à l'idéal que nous nous faisons d'une ville. Pas de rues alignées, pas de beaux édifices, pas de places régulières, pas d'avenues, pas de boulevards, pas même...

(1) Ouvrage cité.

de la propreté. A certains endroits, la puanteur que répandent les ordures vous suffoquent ; ailleurs, les herbes au milieu desquelles vous passez vous font appréhender la rencontre de quelque serpent. Ici, c'est un trou béant de 8 à 10 mètres de profondeur ; là, un bosquet où trône un énorme bombax; plus loin, vous êtes tellement entouré de broussailles et de buissons, que, si votre guide ne vous disait le contraire, vous vous croiriez en rase campagne. Les rues qui existent sont étroites et tortueuses. Çà et là, dans les rues et dans les terrains vagues, on rencontre des vases, des écuelles, des bâtons fichés en terre, des tiges de fer, des statuettes grossièrement façonnées, des Elegbara, tout l'attirail, enfin, de la superstition païenne.

Le palais du roi Toffa est situé à l'est de la ville; M. Courdioux en fait le récit suivant dans les *Missions catholiques :*

« Deux portes principales donnent accès dans l'intérieur du palais. Une petite chaîne fétiche, placée sur le seuil de ces portes, en interdit l'entrée aux mauvais génies. Les fidèles sujets de Sa Majesté ne manquent jamais, en signe de respect, de se découvrir la tête et l'épaule gauche chaque fois qu'ils passent devant la porte principale.

» Franchissons la porte de la maison bâtie par le roi Mecpon. Après avoir parcouru un couloir infect, nous débouchons sur une petite cour intérieure de forme carrée. Un auvent, supporté par des piliers de bois, règne tout autour ; dans la partie la plus rapprochée de la cour d'audience, le sol est battu et ciré à la bouse de vache. C'est là que, couchés sur leurs pagnes, les ministres et les grands dignitaires attendent le moment de l'audience. Le roi les laisse quelquefois des journées entières sans les recevoir. Les Européens font antichambre dans le même lieu ; mais ils ont soin de se faire apporter une chaise, car le roi n'a pas toujours un siège à offrir à ses visiteurs.

» Un petit temple fétiche consacré à Priape s'élève au milieu de la cour. C'est une hutte de paille, entourée d'une palissade en bambou. Aux quatre angles, flottent, à l'extrémité de longues perches, des oripeaux d'étoffe blanche.

» Les pigeons du roi prennent leurs ébats sur vos têtes; vous voyez passer les poules, les canards et surtout les porcs de Sa Majesté; ceux-ci paraissent jouir d'une liberté absolue de circulation.

» Très fréquemment cette cour est remplie de monde.

» Ce sont les envoyés d'un village qui apportent au roi des présents en nature. Les uns ont un fagot de bois, les autres quelques poules, d'autres un sac de maïs, des ignames, des patates, plus rarement un mouton ou une chèvre.

» La cour où se tient le roi est spacieuse et de forme triangulaire; la moitié seulement est entourée d'une véranda. A droite, en entrant, on passe devant trois énormes tambours, qui servent dans les fêtes et dans les grandes circonstances. »

En sortant de Porto-Novo, la lagune mesure de 700 à 800 mètres, puis elle s'élargit encore, pour se diviser ensuite en trois branches qui vont aboutir au lac Denham ou Nokoué. Sur la branche méridionale, est situé Kétenou, village assez important par son commerce.

Le village de Kotonou, qu'il ne faut pas confondre avec le précédent, est assis sur la plage sablonneuse qui a remplacé le chenal par lequel le Denham communiquait avec la mer.

Kotonou, en langue dahoméenne, veut dire *lagune des morts*. Cette dénomination lui vient de ce qu'un grand nombre d'esclaves perdirent la vie en travaillant à boucher le chenal.

A l'est, le village est adossé à la lagune qui porte son nom; à l'ouest, on ne trouve que des plaines herbeuses, entourées d'une ceinture boisée et traversées par le chemin de Godomey; au nord, ce sont des cultures de manioc alternant avec des bosquets plus ou moins importants. Les factoreries françaises sont établies sur les bords de la lagune;

elles appartiennent à la maison Fabre et Régis, de Marseille.

Le port n'est qu'un point de transit ; aussitôt débarquées, les marchandises prennent, en général, la direction de Porto-Novo ou d'Abomey-Calavi.

A signaler, au nord-est et au nord-ouest de Kotonou, sur les bords mêmes du grand lac, les petits villages d'Afatonou et d'Awansoli, qui sont entièrement bâtis sur pilotis au-dessus de l'eau. Les cases de ces villages s'appelent *todjis*, c'est-à-dire *sur la lagune*.

Leurs malheureux habitants durent chercher là un refuge pour éviter les poursuites du roi du Dahomey, qui, suivant la défense du fétiche, ne peut traverser l'eau pour guerroyer.

De Kotonou on se rend à Godomey-plage, qui en est éloigné de 9 ou 10 kilomètres. De là, une route en mauvais état conduit sur Godomey-ville, à 7 ou 8 kilomètres plus au nord. Chemin faisant, on laisse à droite le village de Zobbo.

Godomey-plage n'est guère qu'un entrepôt de marchandises des maisons Fabre et Régis, mais Godomey-ville compte environ 1,500 habitants.

Si l'on suit la plage en partant de Godomey, on trouve, à 7 ou 8 kilomètres plus à l'ouest, le petit village d'Avrékété et, après avoir parcouru une distance double, le port de Whydah, le plus important du Dahomey.

Ce port, comme tous ceux du golfe de Guinée d'ailleurs, est mal fermé et n'offre aucun abri sûr aux bâtiments sur rade pendant le mauvais temps.

Pour mieux protéger leurs nationaux et les mettre à l'abri du pillage des indigènes, les Français, les Anglais et les Portugais firent bâtir chacun un fort, autour desquels vinrent s'établir des indigènes attirés par le commerce qui s'y faisait et aussi, il faut bien le dire, par le trafic des esclaves que l'on venait échanger contre des marchandises d'Europe.

Il en résulta que chaque fort devint le centre d'une population distincte, qui prit le nom de Salam ; comme chacun de ces villages augmentait chaque jour, ils finirent par faire un tout d'où devait sortir l'une des villes principales du royaume.

Bien avant la construction de ces forts, un Français appelé Sans-Passé était venu s'établir dans le pays ; la maison qui le reçut et dans laquelle il logea prit son nom ; les noirs l'ont respectée pendant longtemps comme un fétiche. Située à un mille de Whydah, elle existait encore en 1844, quand le *Zèbre* visita cette plage.

La date de l'élévation du fort français remonte à l'année 1671 et son évacuation à 1797. A cette dernière époque, la revue que l'on y passa constatait 207 noirs, non compris ceux du Salam.

Quand les troupes abandonnèrent cet ouvrage, sa garde en fut confiée à un indigène, qui prit le titre de commandant du fort français.

Au premier commandant succéda, par voie d'hérédité, son fils *Titi*, et pendant longtemps cette dignité eut plus que le prestige du nom et du rang, car elle impliquait un commandement. Celui-ci était peu étendu, à la vérité, et ressemblait assez à un commandement de parade, mais cela n'empêchait pas Titi de se rengorger lorsqu'on battait le rappel ou lorsque, en grand costume de lieutenant de vaisseau, il commandait sa troupe et la passait en revue.

En 1842, la maison Régis fut autorisée à faire occuper le fort par ses employés, à la seule condition qu'elle l'entretiendrait et que, si l'Etat en avait besoin un jour, il lui serait loisible de le reprendre sans autre formalité.

Deux ans plus tard, le commandant du *Zèbre*, le capitaine de corvette *Monléon*, après avoir visité les trois ouvrages, écrivait :

« Les trois forts sont très près l'un de l'autre, et dans un état de ruine et de délabrement extraordinaire ; mais, à leurs fossés larges et profonds, à leurs restes, à leurs distributions apparentes, on peut juger de leurs belles grandeurs et de leur bonne organisation pour l'objet qui les avait fait construire. Comme position militaire, rien n'est plus absurde que ces forts à pavillons différents, si près les uns des autres, à trois milles du rivage et entre deux lagunes et l'intérieur du pays, à la merci, par conséquent, du roi de Dahomey et qu'il serait presque impossible de secourir en cas de guerre avec ce puissant monarque.

» Il paraît, du reste, que les possesseurs de tous les emps avaient bien senti cet inconvénient grave, puisque ces forts, qui étaient bâtis primitivement à 6 milles plus loin, au village de Charrié, furent reconstruits plus près.

» S'ils n'ont pas été placés sur le bord de la mer, au point même de correspondance de Whydah, avec les bâtiments, c'est grâce à l'imprudence que commirent les trois commandants, de déclarer prématurément que là ils seraient hors de la dépendance du Dahomey. Le roi, averti de ces propos, fit détruire les fortifications que l'on avait commencé à élever et rapporter tous les matériaux aux anciennes, moins quelques canons, qui sont restés sur la plage comme témoignage de l'événement. »

La cession du fort à une maison de commerce relégua Titi au rôle de gardien. Cependant, voulant conserver sa dignité de chef, quand, le soir, on fermait les portes, il montait dans la salle à manger et allait saluer l'employé principal de la factorerie par cette phrase sacramentelle : « Commandant, tout est paré » (1).

Le fort anglais est à peu près disparu. Vendu à une maison allemande, celle-ci s'empressa de combler les fossés, de laisser tomber les bastions et d'ouvrir des passages pour les marchandises. Si quelques gros canons encloués et à moitié ensevelis dans la terre ne venaient rappeler ce que

(1) Pierre Bouche, ouv. cité.

fut cet ouvrage, on ne se douterait plus aujourd'hui du but pour lequel il avait été construit.

Si le fort portugais a conservé un aspect un peu plus guerrier, il le doit surtout à sa garnison, qui comprend un officier attitré du nom de gouverneur de San-Juan-d'Adjuda et une trentaine de disciplinaires de l'armée coloniale, métis ou noirs. A part cependant une vieille chapelle que l'on entretient en assez bon état, toutes les autres dépendances et les remparts menacent ruines, et personne ne semble vouloir les protéger contre les injures du temps, de sorte qu'avant peu il n'y aura plus que le fort français qui restera debout.

Whydah, avant 1860, ne comptait pas moins de 50,000 âmes; aujourd'hui, sa population est réduite de plus des deux tiers. Elle se compose particulièrement de Dahoméens, de gens des Popos et d'un certain nombre de Brésiliens, commerçants pour la plupart.

Les blancs, représentés par les missionnaires, les sœurs, les agents des maisons de commerce et l'officier commandant le fort portugais, y sont en infime minorité.

Pour les Français et les Anglais, la ville s'appelle Whydah, mais pour les Portugais c'est Adjuda et pour les indigènes Glékoué, c'est-à-dire *maison des champs.*

Une partie de la ville est située sur le rivage, c'est Whydah-plage; l'autre partie s'élève à 4 kilomètres dans l'intérieur, c'est Whydah-ville.

Si l'on veut se rendre de Whydah-plage à Whydah-ville, on passe d'abord devant le village des Décimères (*douaniers*), puis on arrive à une lagune, large de 60 à 100 mètres environ et profonde, en février et en mars, de $0^{m}60$ à 1 mètre; le fond, au lieu d'être bourbeux, est, au contraire, solide. Vers l'est pourtant on trouve de la vase. Les bords de la lagune sont couverts de hautes herbes. A l'extrémité nord est située la maison du *décimère* des lagunes.

Vient ensuite, à travers des roseaux de 3 à 5 mètres de

haut, un chenal, large de 3 ou 4 mètres, profond de 0m30 à 0m40, qui sert de chemin jusqu'à Badji, village du *kakaragou,* chef des soldats de la plage.

Ce village, de quatre-vingts cases environ, a une longueur de 300 mètres; il est établi sur une hauteur peu accentuée, s'abaissant en pente douce, au nord et au sud, vers deux chenaux peu profonds, larges de 3 à 4 mètres et bordés de roseaux épais et élevés. Pendant la saison sèche, ces chenaux n'ont plus d'eau et forment de belles routes qui vont toujours en s'élargissant. Bientôt, cependant, on rencontre, sur celui du nord, une broussaille épaisse, puis, le terrain, continuant à s'élever en pente douce, devient sablonneux sur une longueur de 1 kilomètre et ensuite argileux, d'une argile rougeâtre qui s'étend fort loin.

Derrière la ville, croupit, dans une lagune broussailleuse, une eau stagnante et fétide, bien propre à entretenir la fièvre en permanence parmi la population.

Plus au nord, on trouve de belles cultures alternant avec des fourrés impénétrables, des marais en putréfaction et des forêts étendues.

De Whydah à Grand-Popo (Pla, en indigène), la distance est d'environ 35 kilomètres, et on la parcourt généralement en pirogue.

Tout le long de la route, on trouve quelques petits villages assis à droite et à gauche sur les bords de la lagune. A droite (vers l'intérieur), ils portent le nom de Béda, Quéta, Agodo, Ogodji; à gauche (du côté de la plage), ils s'appellent Lokokué, Abrihoé et Beffa.

Grand-Popo n'est pas une ville, c'est une réunion de petites bourgades établies sur les îles de la lagune et sur la plage, à l'embouchure de la rivière Mono, le long de laquelle descendent toutes les marchandises venant du nord. Ses habitants semblent s'être réfugiés là pour échapper au despotisme royal du Dahomey.

Depuis qu'ils sont sous la protection de notre drapeau, leur nombre s'est considérablement accru.

Entre Grand-Popo et Agoué, la distance est de 22 kilomètres ; on peut faire le trajet par terre ou par eau.

Si l'on suit la lagune, on longe, à droite, les petits villages d'Adjamé, Gitta et Seclo, tandis qu'à gauche se dressent ceux d'Agbananquein et de Nikoué.

Agoué (Ajigo en langue du pays) est bâti entre la lagune et la mer, sur une pointe de terre qui ne mesure pas plus de 2 milles de largeur.

Sa fondation remonte à l'année 1821. Un certain Féliz de Souza, ayant à se plaindre de Comlagan, chef de Petit-Popo, excita contre lui une révolte. Un nommé Georges, mis à la tête du mouvement, réussit à chasser Comlagan. Celui-ci vint s'établir, avec ses partisans, à l'endroit où se trouve Agoué et fonda un petit Etat qui a soutenu plusieurs fois son indépendance les armes à la main (1).

Sur le bord de la mer, le terrain sablonneux ne se prête à aucune culture, mais vers l'intérieur la végétation est assez puissante.

Au nord d'Agoué, sur la rive droite de l'Akrakou, au milieu d'une nature sauvage des plus luxuriantes, est assis le village qui a donné son nom à la rivière. Ses cases en bois et en paille renferment de 2 à 3,000 habitants.

Plusieurs routes vont de la plage vers l'intérieur ; la plupart, cependant, ne sont que des sentiers d'une largeur qui est loin d'être uniforme, mais dépassant rarement 2 mètres.

Souvent, ces routes traversent de grands espaces inhabités ; le voyageur marche jusqu'à 15 et 20 kilomètres sans rencontrer une âme vivante. Ici, il faut traverser un taillis épais ; plus loin, c'est un fourré impénétrable, auquel succède une clairière qui, la plupart du temps, n'est qu'un marais étendu ; autour des villages, quelques champs de

(1) L'abbé Pierre Bouche, ouv. cité.

manioc, seule nourriture des habitants, tranchent agréablement auprès des marigots vaseux, des végétaux agrestes et des herbes dures et épineuses que l'on vient de laisser.

La plus importante de ces routes est celle qui conduit de Whydah à Abomey, la capitale du royaume. Nous la ferons suivre au lecteur.

Le premier village que l'on rencontre à 15 kilomètres au nord de Whydah est Savi, ancienne capitale du royaume de Juda, conquise par le Dahomey en 1727. Le nombre de ses habitants est de 3 à 4,000.

Après l'avoir traversé, on entre dans une forêt épaisse, qui n'offre d'éclaircies qu'à de rares intervalles, puis on trouve Tolly, bourgade élevée sur un mamelon boisé de peu de hauteur.

De Tolly, on se rend à Azoué, petit village situé au pied d'une colline, au sommet de laquelle est bâtie Allada, l'ancienne capitale du royaume d'Ardres, soumise à la domination dahoméenne depuis 1725.

Allada compte de 8 à 10,000 âmes; elle est le point de jonction de deux routes qui se dirigent l'une sur Godomey, l'autre sur Porto-Novo. Son éloignement de Tolly est d'environ 35 kilomètres.

La route coupe ensuite les villages sans importance d'Allougo, Hévy, Oneboo, Apey et Ondounou. Au delà de ce dernier, on entre dans une zone marécageuse, qui s'étend de l'est à l'ouest: c'est le Lama ou Co, dont nous avons parlé en citant les cours d'eau.

Au sud-ouest d'Ondounou, s'élève un magnifique plateau qui porte la ville de Toffo.

Au delà du lama, on trouve la ville d'Agrimey et, bientôt, celle de Cana ou Calmina, la cité sainte du Dahomey, qui renferme les tombeaux des rois. Sa population est de 10.000 habitants. « Eloignée d'Abomey de 3 lieues seulement, dit M. Borghéro, elle y est reliée par une route qui est la merveille du pays. Elle court en ligne presque directe entre les deux villes, sur une largeur de 30 mètres, traversant un terrain uniforme et légèrement incliné vers Cana. Les arbres gigantesques qui la bordent lui donnent un aspect imposant et disposent le voyageur à rêver aux splendeurs d'une capitale, mais la vue d'Abomey amène le désenchantement.

« Abomey, ou mieux Agbomé, est la capitale du royaume. Elle est bien défendue par sa position sur un plateau un peu élevé, plutôt que par les murs en terre qui l'environnent. Le palais du roi, seul monument digne d'attention, est un amalgame de cases et de cours jetées au milieu d'une enceinte de murs de 3 kilomètres de contour. Cette enceinte était autrefois couronnée de crânes humains, hideuse parure, que l'air et les grandes pluies ont presque complètement effacée ; restent encore en place les tiges de fer qui les soutenaient et quelques débris de ces anciens trophées (1) ».

La population d'Abomey est très variable, suivant que le roi l'habite où qu'il va résider à Agony, ville située sur l'Ouémé, à environ 25 kilomètres plus au nord. On estime la population sédentaire à 15,000 âmes.

D'Abomey on peut se rendre à Porto-Novo par terre jusqu'à Cana; la route est la même que celle que nous venons de parcourir. A partir de ce point, elle bifurque vers le sud-est, traverse l'Ouémé à Oboa, à un gué qui existe pendant la saison sèche, continue à descendre vers le sud et va couper, à un autre gué, la lagune qui se dirige vers Abéoukouta, c'est-à-dire vers l'ouest, lagune qui marque la limite du royaume de Porto-Novo. De là, elle longe à peu près parallèlement l'Ouémé, en passant par les petits villages d'Ozouicé, Décamey, Dangbo, Modo-Topa ; laisse Atchoupa un peu à l'ouest, sur le chemin d'Abomey, par Toué, et enfin arrive à Porto-Novo.

(1) L'abbé Pierre Bouche, ouvrage cité.

Population.

Le nègre du Bénin représente l'un des plus beaux types de la race noire. Il a la taille assez élevée, surtout celui de l'intérieur, les muscles saillants, le nez épaté, les lèvres fortes et les cheveux crépus. Sa figure indique la ruse et l'intelligence.

Son caractère est doux et facile à conduire, il est naturellement obéissant; mais ce mouton se change en bête fauve au combat, lorsqu'il est fanatisé par les sacrifices humains et les pratiques des féticheurs.

Il est très difficile d'évaluer le chiffre de la population des divers Etats placés sous notre protectorat dans le golfe du Bénin. Les derniers recensements (janvier 1892) donnent : 150,000 habitants pour le royaume de Porto-Novo et ses dépendances, et 51,000 habitants pour Grand-Popo et Agoué. Les auteurs les plus autorisés fixent à 300,000, au maximum, le nombre des Dahoméens.

Agriculture. — Commerce. — Industrie.

Les peuplades du golfe de Bénin se livrent peu à la culture du sol; celui-ci ne manque cependant pas de fertilité, mais chaque famille, en général, ne sème que la quantité de maïs, de manioc et de haricots qui lui est indispensable pour ses besoins d'une récolte à l'autre.

On trouve dans tout le pays une assez grande quantité de palmiers à huile. La récolte du fruit a particulièrement lieu de mars à juin; les indigènes le font bouillir dans de grands récipients en terre et l'huile est recueillie à la surface. Le noyau est mis à part pour être séché et cassé afin d'en extraire l'amande.

Quelques noix de Kolas, un peu d'arachides et une quantité insignifiante d'ivoire complètent les seuls articles d'exportation capables d'alimenter le commerce de cette côte.

L'importation consiste particulièrement en tafia, genièvre, tabac, sel, matériaux, savons, verroterie et bimbeloterie, tissus divers et armes à feu.

Le pillage, les invasions annuelles des Dahoméens empêchent tout développement agricole dans ce pays, et ce n'est guère qu'autour de Porto-Novo, de Grand-Popo et d'Agoué, à l'ombre de notre drapeau, que l'on voit les indigènes faire quelques efforts pour demander des produits à la terre.

Les importations, pour l'année 1891, ont atteint un chiffre de 5,789,213 fr. 76 c., dont 1,397,646 fr. 78 c. venant de France.

Les exportations, pendant la même année, se sont élevées à 7,679,076 fr. 20 c., dont 2,606,780 fr. 28 c. pour la France. Au total, le mouvement d'affaires a été de 13,468,289 fr. 96 c., dont 4,004,427 fr. 03 c. pour la France.

Les principaux centres commerciaux d'Europe pour le golfe du Bénin sont : Marseille, Hambourg, Liverpool et Lisbonne.

L'industrie est encore dans l'enfance ; du reste, les nègres sont trop paresseux pour se livrer à un travail suivi. La plupart se contentent de passer à la chasse ou à la pêche le temps qu'ils ne consacrent pas à chanter, palabrer, danser ou dormir.

Quelques-uns, particulièrement ceux qui ont été élevés par les missionnaires, font des artisans médiocres qui travaillent le fer ou le bois. Les femmes fabriquent une poterie grossière, assez estimée pourtant dans le pays par les services qu'elle rend.

Climat. — Température

Le climat des pays situés sur la côte des Esclaves est chaud et humide, par conséquent insalubre. C'est une chaleur constante qui impressionne l'organisme et à laquelle les Européens ne peuvent s'habituer. Au bout de quelque temps de séjour, leur sang s'appauvrit, l'anémie s'empare d'eux et ils sont contraints de venir demander à l'air natal la réparation de leurs forces épuisées. Les troupes qui sont envoyées dans ces parages ne devraient donc pas y rester plus d'une année.

La moyenne de la température est de 26° ; le thermomètre oscille entre 25° et 35°; pendant la journée, la chaleur est supportable, grâce aux brises de la mer qui, durant neuf mois de l'année, viennent de la partie sud-ouest.

Pendant les trois autres mois, la température est accablante. En tous temps, la nuit, on a l'air de terre, qui est mauvais parce que, passant sur les marais, il emporte avec lui les miasmes putrides qui s'en exhalent.

La côte des Esclaves est soumise à deux saisons seulement: la saison sèche et la saison des pluies. Cependant, il existe entre chacune d'elles deux saisons intermédiaires que l'on appelle : *petite saison sèche* et *petite saison des pluies*; la première s'étend du 15 juillet au 15 septembre, l'autre, du 15 septembre au commencement de décembre. Après cette dernière époque, on entre dans la grande saison sèche, qui dure jusqu'au 15 mars. C'est le moment de la grande sécheresse, surtout pendant les mois de janvier et de février, quand le harmatan accourt du nord-est avec son épais brouillard de poussière. Cette saison est la meilleure pour traverser la barre, parce que la mer est généralement unie comme une glace.

Pendant les grandes pluies, du 15 mars au 15 juillet, on a les plus mauvaises barres et les tornades, nom donné à des ouragans terribles qui, souvent, font le tour du compas, accompagnés de coups de tonnerre effrayants et de nombreux éclairs qui sillonnent l'espace. Rien ne résiste à leur fureur; on voit des toitures de maisons emportées à plusieurs centaines de mètres, des arbres séculaires abattus par la force du vent; par place, la tornade forme de profonds ravins; bref, pendant les cinq ou six heures qu'elle dure habituellement, c'est un bouleversement complet de la nature.

On comprend quelle impression, des phénomènes de ce genre peuvent produire sur des populations à demi sauvages et superstitieuses.

Mœurs et coutumes.

Porto-Novo, Grand-Popo et Agoué ont renoncé, depuis longtemps, aux coutumes qui déshonorent le Dahomey et jettent un singulier défi à la civilisation. Il est vrai que c'est un peu grâce à notre ingérence; c'est pourquoi, d'ailleurs, ce sera un honneur pour la France et pour l'humanité de mettre à la raison ce roi despotique et sanguinaire qui a nom Behanzin.

On ne saurait parler des mœurs et des coutumes du Dahomey sans frémir. Ainsi, un roi ou un chef vient-il à mourir, son successeur se croit obligé de le tenir au courant, outre tombe, de ce qui se passe dans ses Etats, et pour cela il immolera des quantités de victimes humaines.

A la mort d'un roi précédent, son successeur voulut lui envoyer son cheval, et, à cet effet, il le fit décapiter et enterrer; mais, comme il lui fallait absolument quelqu'un pour le conduire à sa destination, il voulut bien se contenter de confier cette mission à un seul esclave, qui eut, bien entendu, la tête coupée comme le cheval et à qui la même fosse fut donnée pour véhicule.

Les jours d'égorgement, du reste, sont des jours de réjouissances publiques : le rire et le ricanement répondent au râle de l'agonie. Chaque année, vers les mois d'août et d'octobre, ces massacres ignobles recommencent : des milliers de malheureux sont ainsi sacrifiés; leur sang, recueilli dans des calebasses, sert à arroser quelque tombe de grand, et leur corps est ensuite jeté en pâture aux vautours.

Bientôt ces cadavres tombent en putréfaction; l'odeur

infecte qui en émane, se joignant à la vapeur du sang et aux exhalaisons d'une foule compacte, croupissant au milieu des ordures, empestent l'air.

Disons, en passant, que les noirs ainsi sacrifiés reçoivent leur sentence avec une impassibilité et une insouciance extraordinaires.

La vente des esclaves est moins atroce que leur égorgement ; elle est tout aussi ignominieuse. Sous le rapport de ce trafic, le Dahomey mérite, plus que tout autre Etat voisin, la dénomination de Côte des Esclaves, que les géographes ont donnée à cette partie de l'Afrique. Sans doute, la traite ne s'exerce plus, comme autrefois, avec les navires des puissances civilisées, mais elle a toujours lieu entre princes noirs.

La religion des Dahoméens consiste dans la pratique d'un fétichisme abrutissant et superstitieux, qui se traduit par des danses lubriques, des offrandes, des poteries et des statues grossières et indécentes, devant lesquelles hommes et femmes vont se prosterner et faire des libations.

Pendant que le *Zèbre* était sur les lieux, il fut publié que le fétiche de l'incendie était en colère et qu'il fallait vite l'apaiser en lui apportant des poules, des cabris, etc., ce que firent immédiatement les indigènes ; mais il paraît que le fétiche ne fut que médiocrement satisfait, car, le lendemain soir, une case, isolée heureusement, fut complètement brûlée.

Armée.

L'armée est fortement organisée ; elle comprend, comme troupes régulières : des hommes et des femmes enrégimentés sous le nom de soflimatas et d'amazones.

Il y a un double recrutement pour les amazones, dit le père Chautard, missionnaire du Dahomey (1) :

(1) *Le Dahomey*, par le Père Chautard, page 10.

« Chaque Dahoméen est obligé de présenter ses filles devant une espèce de conseil de revision. Celles qui sont déclarées « bonnes pour le service » sont versées dans le corps des amazones.

» Les amazones sont aussi recrutées parmi les petites filles faites prisonnières à la guerre et dont les parents ont été massacrés ou vendus au loin comme esclaves. Ces pauvres filles, qui ne se souviennent plus de leurs parents, sont élevées par les amazones, et, comme au Dahomey on fait des enfants à peu près ce qu'on veut, elles prennent des goûts militaires et n'ont bientôt plus qu'une ambition : celle de s'illustrer à la guerre.

» Au siège d'Abéokouta, en 1851, le missionnaire protestant Thowsend évaluait à 6,000 le nombre des amazones et à 16,000 le nombre total des soldats dahoméens. Mais l'élite des amazones périt dans la mêlée, et un certain nombre, profitant du désordre, s'enfuirent dans la ville, préférant le bonheur domestique à leur dur esclavage militaire. Le nombre des amazones est moins considérable aujourd'hui; il peut encore s'élever à 3,000 environ. En y joignant 7,000 ou 8,000 guerriers, on aurait l'effectif complet de l'armée dahoméenne.

» Les amazones sont vouées au célibat sous les peines les plus rigoureuses; par exception, cependant, le roi en donne quelques-unes en mariage à ses soldats les plus méritants. Elles sont divisées en trois brigades, ayant chacune ses officiers distincts. La brigade centrale forme la garde du roi. Chaque brigade comporte des amazones de cinq armes différentes :

» 1° Les espingolières ou agbaraya, vêtues d'une tunique bleue et d'une écharpe blanche qui se porte en ceinture. Leur étendard représente une guerrière déchiquetant un ennemi;

» 2° Les chasseresses d'éléphants ou gbéto, à l'uniforme brun et bleu, avec une coiffure à deux cornes. C'est sans doute pour simuler les cornes de cerf et ne pas donner l'éveil aux éléphants quand on les chasse dans les hautes herbes du pays ;

» 3° Les Nyekpleh-hentoh, ou amazones armées de gigantesques rasoirs, dans le but de décapiter plus facilement le roi ennemi, qui est leur objectif principal ;

» 4° Les mousquetaires ou gulonnentoh ; ce sont les plus nombreuses. Elles sont armées de fusils à pierre et portent leur cartouchière suspendue à la ceinture ;

» 5° Enfin, les archères, armées d'arc et de flèches empoisonnées. Vu l'infériosité de leur arme, elles sont plutôt une troupe de parade ; aussi, n'y en a-t-il que dans la garde du roi.

» Nous aurions tort de considérer l'armée du Dahomey comme nos armées européennes. L'instinct du pillage est la note caractéristique du Dahomey ; aussi, quand on étudie son organisation militaire, on découvre sans peine les traits distinctifs d'une bande armée pour le brigandage.

» Dans la bande dahoméenne, nous trouvons des chefs tels qu'il les faut pour des razzias habilement conduites : le gogan ou chef des bouteilles ; le sogan, chef des chevaux (1) ; le chef des cabris. Ces noms indiquent assez les attributions spéciales de ceux qui les portent ; on ne les nomme ainsi que parce qu'ils sont chargés de capturer et de centraliser chaque chose qui peut augmenter le butin : bouteilles, chevaux, cabris, etc.

» Les chefs dont nous parlons, avec les hommes sous leurs ordres, forment le personnel administratif. Ce personnel administratif se rattache à l'armée proprement dite et montre le caractère véritable des expéditions entreprises tous les ans par le Dahomey.

A côte des troupes permanentes, il y a les contingents de réserve, composés aussi d'hommes et de femmes. Du reste,

---

(1) *Go*, bouteille, et *gan*, chef ; *so*, cheval et *gan*, chef.

sur un simple appel du roi, tout le monde prend les armes et les amazones ne sont pas les dernières à se jeter dans la mêlée au sein du carnage.

Au Dahomey, les guerres se font sans déclaration préalable. Dès que le roi a besoin d'argent et que le moment convenable est arrivé (mars ou avril généralement), il tombe à l'improviste, avec ses guerriers, sur une malheureuse tribu voisine moins puissante que la sienne et la réduit entièrement, razziant et emmenant en esclavage tout ce qui tombe sous la main de ses soldats.

Jadis, l'un des commandants français de Whydah, voulant amener le roi d'alors à renoncer aux guerres d'embûches et de surprises, lui représenta ces dernières comme indignes d'un monarque aussi puissant et aussi éclairé que lui et l'engagea à agir comme les souverains des nations civilisées, qui n'attaquent jamais leurs voisins sans leur déclarer la guerre d'avance. Ce roi déféra à ce conseil dans une guerre qu'il eut bientôt à faire. La résistance qu'il rencontra fut telle d'ailleurs qu'il vainquit uniquement par l'enthousiasme que les femmes excitèrent dans toute l'armée en s'élançant à travers les ennemis. Il y eut, dans ce combat, un grand nombre de tués, mais on ne fit pas de prisonniers.

Le despote, contrarié d'un pareil résultat, fit couper les têtes de tous les morts et les envoya au commandant francais, en lui faisant dire que c'était par ses mauvais conseils qu'il avait perdu tant d'esclaves, puis il l'obligea à payer toutes ces têtes comme s'il eût acheté autant de captifs.

Il reprit ensuite son précédent système de guerre comme étant moins meurtrier et plus lucratif.

IIe PARTIE

HISTORIQUE

Division du territoire du Bénin et fondation du Dahomey.

L'histoire de nos possessions du Bénin, en y comprenant le Dahomey, est assez obscure. Tout ce que l'on sait de positif, c'est qu'avant 1610 ces contrées étaient divisées en trois Etats :

1° Le royaume de Juda, qui s'étendait de la mer jusqu'à Savi ;

2° Le royaume de Fouin ou Foys, ou de Cana, situé au nord du Lama ;

3° Enfin, le royaume d'Ardres ou d'Allada, placé entre les deux premiers et touchant à la côte par Godomey et Kotonou.

A cette époque (1610), le roi d'Ardres vint à mourir sans avoir indiqué lequel de ses trois fils devait lui succéder. Tous trois prétendaient régner, et, comme chacun avait ses partisans, il en résulta une guerre acharnée d'où le frère cadet sortit victorieux.

L'aîné se réfugia à l'est et vint, avec ses gens, fonder le royaume de Porto-Novo. Le plus jeune, nommé Tacoudonou, traversa le Lama et alla demander asile au roi de Cana, nommé Da, qui lui accorda les territoires occupés actuellement par la ville d'Abomey. Peu à peu, les partisans de Tacoudonou vinrent le rejoindre et une tribu ne tarda pas à se former autour de lui. A chaque instant, il demandait des agrandissements de terrain au roi de Cana.

Ennuyé de cet insatiable solliciteur, Da lui fit demander s'il allait faire construire des cases jusque sur son ventre.

Vexé de cette métaphore, Tacoudonou réunit ses guerriers et tomba à l'improviste sur son bienfaiteur, qu'il fit prisonsonnier. Il le ramena à Abomey, le tua et bâtit son palais sur la sépulture même du malheureux. Ce palais fut appelé Dahome, c'est-à-dire maison du ventre. Par la suite, la contrée entière prit cette dénomination.

Après ces exploits, Tacoudonou fut reconnu comme roi, sous le titre de Daho, c'est-à-dire savant en toutes choses, ce qui prouve quel rôle important la force joue près des peuples arriérés. L'usage s'est conservé, d'ailleurs, que les rois du Dahomey prennent plusieurs noms, provenant de l'emblème qu'ils choisissent ou des titres que leur décerne l'adulation.

Daho régna de 1620 à 1650; son fils Aho, régna jusqu'en 1680; Akabah, de 1680 à 1708; Agajah ou Guada-Trujo, de 1708 à 1728. Prince des plus célèbres du Dahomey, Agajah établit la milice féminine des amazones, prit en 1727 la ville de Whydah et immola 4,000 prisonniers. Tegbervesum régna de 1729 à 1775; Mpenguela, de 1775 à 1789; Agougolu, de 1789 à 1817. Agougolu fut malheureux dans ses guerres et devint tributaire des Eyeos ou Yoroubas. Mais son fils Guézo occupa le trône avec gloire de 1818 à 1858. Il conquit le Mahi et développa beaucoup le commerce du Dahomey. Son fils Glé-Glé rendit aux coutumes toute leur ancienne splendeur et fit couler annuellement des flots de sang.

Plusieurs fois repoussé par les Egbas, Glé-Gle fut malheureusement victorieux dans d'autres expéditions. Il détruisit successivement plusieurs grandes villes, notamment Ichaga, Méko, Ikétu, Okiadan, et fit une immense solitude de tout l'espace compris entre le fleuve Ouémé et Abéokouta. Ses guerres interminables ont beaucoup affaibli le Dahomey, qui se dépeuple aujourd'hui rapidement (1). Glé-Glé mourut au mois de décembre 1889, et fut remplacé par son fils Kondo, qui se fit couronner sous le nom de Behanzin.

Au moment de cet avènement, nos relations étaient des

(1) Le P. Chautard, ouvrage cité.

plus tendues avec le Dahomey, comme nous allons le voir dans ce qui va suivre.

Relations de la France avec la côte du Bénin.

Nos relations avec les peuples du Bénin remontent à une époque assez reculée, puisque, comme nous l'avons dit en parlant de Whydah, nous y avions un fort et une garnison au XVIIe siècle.

Quand, pour des motifs d'économie, on évacua ce fort, le drapeau français ne cessa pas d'y flotter; il fut confié à la garde de quelques noirs. Mais, afin de mieux consacrer ses droits, la France eut toujours soin, depuis 1841, de revêtir des fonctions consulaires l'un de ses commerçants résidant à Whydah.

Cette consécration fut solennellement reconnue, le 1er juillet 1851, par un traité d'amitié et de commerce (1), dans lequel le roi du Dahomey assurait aux Français la liberté commerciale et leur protection dans tout son royaume. L'article 9 stipulait que, pour conserver l'intégrité du territoire appartenant au fort français, tous les murs ou bâtiments construits en dedans de la distance réservée (13 brasses à partir du revers extérieur des fossés d'enceinte) devaient être abattus immédiatement et qu'il serait fait défense par le roi d'en construire de nouveaux.

Les choses en restèrent là jusqu'en 1861. A cette époque, l'île de Lagos venait d'être cédée aux Anglais, qui la convoitaient depuis dix ans. Mais, non contents de cette cession, ils cherchèrent à acheter Soudji, roi de Porto-Novo. Celui-ci répondit à leurs propositions en élevant des prétentions sur Badagry.

Cette circonstance suffit à nos voisins pour leur permettre l'envoi au Bénin de navires de guerre, qui vinrent s'em-

(1) Voir ce traité aux annexes.

bosser à hauteur de Porto-Novo, le 23 avril 1861, et bombarder la ville sans merci.

Soudji, effrayé, réclama aussitôt la protection de la France, qui lui fut accordée en février 1863, et, le 7 mai de l'année suivante, le DIALMATH, entrant en lagune, allait mouiller en face du terrain concédé par le roi pour l'installation du protectorat.

Le territoire sur lequel s'étendait notre protection formait un rectangle de 45 kilomètres environ, limité, à l'est, par les établissements anglais dépendant de Lagos; à l'ouest, par le royaume du Dahomey, et, au nord, par un certain nombre de petits Etats plus ou moins dépendants de cette dernière contrée.

La même année, le roi du Dahomey nous cédait, en échange de la protection que nous lui accordions, le village de Kotonou, seule station pouvant servir de port à notre nouveau territoire.

Mais cette convention avait été toute verbale; elle fut faite à l'occasion d'une visite que rendirent au souverain de cette contrée le capitaine de vaisseau Devaux, chef d'état-major du contre-amiral Lafont de Ladébat, et M. Daumas, vice-consul de France pour les territoires de la Côte des Esclaves, placés sous notre suzeraineté. Il était important de la ratifier par un traité régulier. Il fut passé à Whydah le 19 mai 1868.

Ce traité renouvelle de la façon suivante, dans ses préambules, les faits qui s'étaient passés en 1864 :

« Le roi du Dahomey, dans son désir de donner une preuve d'amitié à Sa Majesté l'empereur des Français et de reconnaître les relations amicales qui ont existé de tout temps entre la France et le Dahomey, avait, vers la fin de l'année 1864, fait la cession à la France de la plage de Kotonou. Le 9 mars dernier, il a envoyé à Whydah un message spécial nommé Kokopé, porteur de son bâton royal, à l'effet de renouveler cette cession entre les mains de l'agent vice-consul de France, avec toute la solennité en usage dans le Dahomey. Dans ces circonstances, il a été jugé nécessaire, tant par le roi du Dahomey que par l'agent vice-consul de France, qu'un acte écrit constatât la confirmation de la cession faite antérieurement, par le roi du Dahomey, de la plage de Kotonou et l'acceptation de cette cession. L'agent vice-consul a répondu, au nom du gouvernement de l'empereur, en exprimant toute sa gratitude au roi du Dahomey pour cette nouvelle preuve d'amitié.

» Il a ajouté qu'il acceptait cette cession dans la pensée qu'elle favoriserait l'extension des relations existant entre les deux pays et serait ainsi profitable à tous les deux; mais que, et quel que fût le désir du roi du Dahomey de voir Kotonou occupé militairement par la France, le gouvernement de l'empereur n'avait pas cru devoir, jusqu'à présent, réaliser cette occupation, et qu'il ne la réaliserait qu'autant que cela conviendrait à ses intérêts, et jusqu'à ce moment rien ne devait être changé à l'état de choses actuel, en ce qui concerne les indigènes du pays et la perception des droits de douanes. »

Dans les articles du traité, le roi du Dahomey s'engageait, en confirmation de la cession faite antérieurement, à nous céder gratuitement et en toute propriété le territoire de Kotonou tel qu'il était limité à l'époque, c'est-à-dire : au sud, par la mer; à l'est, par la limite naturelle des deux royaumes du Dahomey et de Porto-Novo; à l'ouest, à une distance de 6 kilomètres de la factorerie Régis aîné; au nord, à la même distance du rivage.

Jusqu'à ce que la France prît possession de Kotonou, le roi du Dahomey devait continuer à l'administrer et à percevoir les impôts et les revenus de la douane.

Pendant que nous traitions avec le Dahomey, notre influence s'étendait sur divers comptoirs de la côte du Bénin; c'est ainsi que nous acquérions successivement Grand-Popo en 1857, Petit-Popo en 1864, Agoué et Porto-Seguro en

1868. Mais, de ces possessions, nous ne gardâmes que Grand-Popo et Agoué; les autres furent cédées à l'Allemagne en échange de quelques points du littoral sur les rivières du Sud.

Le 19 avril 1878, à la suite d'un différend survenu entre le Dahomey et l'Angleterre, et à l'occasion duquel les négociants français s'imposèrent de grands sacrifices pour tirer le roi du Dahomey d'une situation très fâcheuse, celui-ci consentit à une nouvelle convention, aux termes de laquelle il renonçait aux droits de douane sur Kotonou.

L'acte dispensait, en outre, pour l'avenir, les sujets français d'assister à aucune coutume où seraient faits des sacrifices humains, et toutes les servitudes imposées aux résidents français au Dahomey, particulièrement aux habitants de Whydah, étaient supprimées.

En vertu de ces traités, le gouvernement français se décida à faire acte d'occupation sur Kotonou et Porto-Novo, où il envoya, comme résident, le colonel d'infanterie de marine Disnematin-Dorat, avec une petite garnison.

A deux reprises différentes, nos droits sur la Côte des Esclaves furent contestés.

En 1865, les Anglais, voulant s'annexer Porto-Novo, vinrent menacer la ville d'un bombardement et bloquer la rivière, de façon à empêcher les communications avec Kotonou et obliger le commerce français à passer par Lagos.

Notre agent consulaire, M. Béraud, n'eut pas de peine à démontrer l'inanité de ces prétentions; il obtint même des indemnités pour ceux de nos nationaux qui avaient été lésés.

Dix ans plus tard, les Portugais essayèrent aussi de substituer leur influence à la nôtre et s'emparèrent de Kotonou; mais, sur notre représentation, ils se retirèrent, et, à partir de ce moment, toutes les nations furent d'accord pour reconnaître notre suzeraineté sur toute la côte, entre Lagos et les établissements allemands.

Les événements de 1890.

Jusque vers la fin de l'année 1887, aucun incident notable ne vint plus troubler notre présence au Bénin; mais, à cette époque, le roi Glé-Glé écrivit à notre résident qu'il refusait de reconnaître la validité du traité de 1878, et il nous sommait, en même temps, d'avoir à renoncer non seulement à l'occupation de Kotonou, mais encore à notre protectorat sur le royaume de Porto-Novo.

Nous ne fîmes aucune réponse à cette lettre. Notre silence fut pris, sans doute, pour de la faiblesse par le roi du Dahomey, car, au mois de mars 1889, après avoir réitéré inutilement ses plaintes, ses sommations et ses menaces, il précipita ses guerriers sur le royaume de Porto-Novo, faisant piller et incendier les villages et opérer une razzia d'un millier d'hommes, de femmes et d'enfants, dont les uns furent vendus à des étrangers et les autres massacrés.

Au lieu de réprimer immédiatement cet acte criminel comme il le méritait, nous attendîmes, et, phénomène bizarre, ce fut le roi Glé-Glé lui-même qui osa formuler de nouvelles plaintes, en déclarant que c'était de propos délibéré qu'il avait envahi le territoire de Porto-Novo, parce qu'il n'admettait pas que le roi de ce pays fût notre protégé; il nous prévenait que, si nous ne renoncions pas à ce protectorat et que si nous persistions à ne pas évacuer Kotonou, il reviendrait au mois de mars suivant.

La terreur inspirée aux indigènes de Porto-Novo par les actes d'hostilité des gens du Dahomey était telle, et nous faisions alors si peu pour les protéger, qu'aux mois de mars et avril 1889 une grande partie de la population, et le roi Toffa lui-même, désertèrent le pays et allèrent chercher un refuge sur le territoire anglais.

Quant aux commerçants européens, ils s'étaient transportés à Lagos, à l'abri du pavillon britannique.

Le 4 avril, l'administrateur particulier du golfe du Bénin,

M. Beeckmann, écrivait au commandant en chef de la division navale de l'Atlantique :

« La ville de Porto-Novo est en danger d'être pillée ou brûlée, soit par le Dahomey, soit par suite de révolution.

» Le haut commerce, qui représente ici des intérêts considérables, est effrayé de la tournure que prennent les événements, et c'est par millions qu'il faudrait compter les pertes si la ville était mise au pillage.

» On nous rappelle les termes de notre traité, dont nous ne remplissons plus les engagements. Le Dahomey brûle les villages, ruine les plantations, emmène les habitants en esclavage. La population entière est sur la rive anglaise ; les commerçants sont à Lagos ; la ville est déserte. La colonie est ruinée, perdue, le pavillon compromis. La présence seule de vos hommes ramènera la confiance, peut-être sans coup férir.

» Les commerçants sont venus en corps, hier et aujourd'hui, me supplier d'intercéder auprès de vous, amiral, pour obtenir l'envoi de quelques hommes à Porto-Novo. »

Une compagnie de débarquement, fournie par l'*Aréthuse* et le *Sané*, fut envoyée à Porto-Novo ; elle eut beaucoup de peine à rétablir la tranquillité, et ce ne fut que très lentement que les fugitifs rentrèrent sur le territoire de notre protectorat.

Pendant que les bandes du Dahomey dévastaient le royaume de notre protégé, brûlaient les villages, ravageaient les plantations et surtout les palmiers à huile, pillaient les maisons et enlevaient les habitants qui n'avaient pas pris la fuite, le représentant du roi Glé-Glé à Kotonou mandait à la cour de justice les gérants des factoreries, et le chef de la station télégraphique les y faisait rester debout, tête nue, devant la populace armée de bâtons et de lances, et les sommait de reconnaître l'autorité du roi et de payer les droits de douane comme par le passé, sous peine d'être chassés du territoire de Kotonou.

Vers la même époque, le roi faisait fermer les factoreries françaises de Whydah et signifiait à notre administrateur de Porto-Novo, par l'organe de son représentant, que Kotonou n'était pas français, qu'il n'en avait jamais fait la cession, qu'aucun traité n'avait eu lieu entre lui et la France et que ceux qui avaient signé la convention de 1878 avaient payé de leur tête cet acte de rébellion contre l'autorité royale.

Au mois de septembre 1889, les religieuses françaises de Whydah furent expulsées par les autorités dahoméennes et durent se réfugier à Agoué, chez le résident de France. Le P. Dorgère subit le même sort et fut obligé aussi d'aller demander asile au représentant de l'autorité française à Agoué.

Un missionnaire hollandais, qui se trouvait avec notre compatriote et que les Dahoméens prenaient pour un Allemand, ne fut pas inquiété. Cette particularité démontre jusqu'à l'évidence que c'était à la nationalité et non à la religion des expulsés que l'on s'en prenait.

Sur ces entrefaites, le gouvernement français avait appelé le lieutenant-gouverneur des Rivières du Sud, M. Bayol, pour lui confier la mission délicate d'aller demander des explications au roi du Dahomey sur ses actes déloyaux.

Malgré la gravité des attentats commis par ce monarque noir, les instructions données à M. Bayol, par le sous-secrétaire d'Etat aux colonies, étaient toutes pacifiques et même accompagnées de cadeaux.

Dans ces instructions (1), approuvées par le Ministre des affaires érangères, M. Etienne disait que les informations qui lui étaient parvenues, au sujet du changement complet dans la politique du Dahomey à notre égard, n'étaient pas suffisamment précises pour pouvoir prescrire nettement les

---

(1) Voir aux annexes les documents diplomatiques relatifs à l'expédition.

mesures les plus propres à rétablir notre prestige amoindri à Porto-Novo et à assurer notre situation vis-à-vis du Dahomey.

M. Bayol, parti de France en août 1889, arriva à Porto-Novo le 1er octobre suivant. Le 14, il adressait au roi du Dahomey une lettre dans laquelle il lui annonçait qu'il était chargé de régler les affaires qui divisaient les deux pays, et lui demandait de vouloir bien envoyer à Kotonou un représentant muni de pleins pouvoirs.

Il l'informait aussi que le gouvernement français, voulant donner des preuves de son désir sincère de vivre en paix avec le Dahomey, l'avait chargé de divers cadeaux pour Sa Majesté, et qu'il s'empresserait de les lui remettre dès que toutes les affaires seraient terminées.

Pour toute réponse, Glé-Glé dit que, n'ayant pas d'interprète capable de traduire la lettre de M. Bayol, il désirait qu'il lui en fût envoyé un apte à faire cette traduction.

La réponse arriva à Porto-Novo le 1er novembre. Quelques jours auparavant, le père Dorgère et les sœurs réfugiés à Agoué avaient obtenu l'autorisation de rentrer à Whydah.

Vers la même époque, le roi du Dahomey écrivait une lettre de protestation au Président de la République, et en même temps il sollicitait l'intervention du Portugal. Celui-ci déclara à la France qu'il ne répondrait pas à cette sollicitation.

M. Bayol télégraphia alors au sous-secrétariat d'Etat des colonies que, ne comprenant rien aux dispositions du roi Glé-Glé, il se décidait à partir pour Abomey, afin d'être complètement renseigné.

Quoique l'éventualité d'un voyage de notre représentant à la cour dahoméenne n'eût pas été prévue, le sous secrétariat d'Etat des colonies n'y mit point obstacle. Il recommanda seulement à M. Bayol de prendre les dispositions nécessaires pour éviter à sa mission toute conséquence fâcheuse.

Le 16 novembre 1889, le roi ayant envoyé une ambassade chercher notre représentant, celui-ci se mit en route pour Abomey, accompagné de son secrétaire, M. Angot, et de M. Béraud.

Le 21 novembre, la mission était reçue aux portes de la ville par une députation solennelle, composée de huit grands chefs escortés par des milliers de soldats, exécutant des salves de mousqueterie. Des indigènes avaient des pavillons anglais, surmontés d'une tête de mort. Huit coups de canon furent tirés pendant les toasts que les envoyés du roi portèrent au lieutenant gouverneur.

Un peu avant la nuit, nos compatriotes arrivèrent sur la grande place du palais, couverte d'une foule de quinze à vingt mille personnes. Tous les chefs du Dahomey, en costume de guerre, se tenaient, sous d'immenses parasols, aux places qui leur avaient été désignées. MM. Bayol, Angot et Béraud durent faire trois fois le tour de la place avant de descendre de hamac et pouvoir complimenter le roi.

Glé-Glé quitta son trône pour les recevoir et, écartant les morceaux de bambou qui séparaient le terrain réservé à lui seul et à ses femmes, il vint s'entretenir avec M. Bayol pendant un quart d'heure.

Il lui parla surtout de sa puissance, lui répéta qu'il était le plus grand roi de l'Afrique, et que ses soldats étaient invincibles. A ces paroles, la foule l'acclama en l'appelant « Quini ! Quini ! Quini ! » (le lion des lions).

Satisfait de cette ovation, le roi présenta la mission à son fils, le prince Kondo (aujourd'hui Béhanzin), et remonta sur son trône en continuant à fumer une longue pipe à tuyau d'argent. MM. Bayol, Angot et Béraud purent ensuite se retirer dans l'appartement qui leur avait été préparé chez le trésorier royal.

Le 23 novembre, il y eut lunch chez le prince héritier

pour la remise des cadeaux destinés au roi. Kondo remercia vivement et, sur ces entrefaites, arriva un message invitant les membres de la mission à assister aux fêtes qui se donnaient sur la place du palais, et qui devaient inaugurer les grandes coutumes.

M. Bayol et ses compagnons purent obtenir de ne pas assister à ces spectacles sanglants; mais, comme nous le verrons plus loin, la cour s'arrangea de manière à les forcer à contempler chaque jour les victimes de ces barbaries.

Le 28, eut lieu la première entrevue politique entre M. Bayol èt le prince héritier, chargé par son père de régler les affaires extérieures. Notre représentant se borna à demander l'exécution des traités, c'est-à-dire l'occupation de Kotonou et l'établissement des droits de douane sur ce port.

La réponse fut violente et insolente ; Kondo déclara qu'il persistait dans ce qu'il avait déjà dit : que le territoire de Kotonou lui appartenait et que nous devions l'évacuer. Il nous somma, en outre, de renoncer au protectorat sur Porto-Novo et de lui livrer nous-mêmes le roi Toffa. Enfin, il ajouta que le roi dicterait d'ailleurs ses volontés à notre réprésentant et qu'il n'aurait qu'à les signer avant de partir.

M. Bayol déclara inutilement qu'un papier ainsi établi était contraire aux conventions internationales, et qu'il ne pouvait signer un protocole dont les termes n'auraient pas été convenus entre les deux pays.

Il se heurta à un refus catégorique, et, connaissant les habitudes de la cour, il se garda bien d'insister de nouveau, craignant d'être retenu prisonnier ainsi que ses compagnons.

Après ce palabre, qui eut lieu en présence des chefs de la contrée, le prince redevint courtois.

Le lendemain, M. Bayol demandait au roi une entrevue, qui lui fut accordée; mais, en donnant cette autorisation, le souverain n'avait eu pour but que de mettre la mission en face des horibles massacres des jours précédents, car, dans les deux audiences qu'il obtint, notre représentant ne put reprendre la question en litige, Glé-Glé n'étant pas disposé à parler d'affaires pendant les grandes coutumes.

En se rendant chez le roi, le premier jour, la mission dut, pour entrer dans le palais, passer au milieu de dix-huit têtes d'hommes fraîchement coupées et déposées, de chaque côté de la porte, sur deux petits monticules de sable.

Une large flaque de sang humain masquait l'entrée de la demeure royale; il fallut beaucoup de précautions à notre représentant et à ses compagnons pour n'y point marcher. Dans l'intérieur du palais, ils virent également plusieurs têtes récemment coupées.

Pour l'entrevue du lendemain, on avait fait ajouter seize nouvelles têtes à côté de celles qui s'y trouvaient la veille.

Avant d'arriver à l'endroit où se trouvait le roi, on fit passer la mission au milieu de quatre potences, au haut desquelles, pendus par les pieds, la tête en bas, étaient deux malheureux hommes morts dans cette position, après avoir été mutilés et avoir eu les yeux crevés et les dents cassées.

Dégoûté, écœuré de ce spectacle, M. Bayol tomba très gravement malade le 6 décembre et resta alité pendant quinze jours.

A ce moment, on vint le prévenir que Glé-Glé étant malade, lui aussi, et qu'un dénouement fatal, en raison de son grand âge (il avait 75 ans), était à craindre, les jours des membres de la mission pourraient être en danger : la superstition du peuple ne manquerait pas d'accuser les blancs de cette mort.

Dans ces conditions, M. Bayol crut utile de signer le papier imposé par le prince héritier, et, à cet effet, il réclama de ce dernier une nouvelle conférence, qui eut lieu le 27 décembre.

Kondo déclara tout d'abord que son père lui avait donné l'ordre de dicter la lettre adressée au chef des Français, et il ajouta que la mission serait libre de partir le soir même si elle le désirait.

La lettre fut rédigée par M. Angot, sous la dictée du prince. Dans ce document, il est dit que les chefs de Porto-Novo sont vassaux du Dahomey, que les navires français ne doivent par circuler dans les eaux de l'Ouémé, afin de ne pas se rencontrer avec les troupes royales, le roi voulant vivre en bons termes avec la France.

Kondo fit ensuite reproduire les griefs qu'il avait énumérés dans l'entrevue du 28 novembre, ajoutant que la France était gouvernée par des jeunes gens et qu'elle devait abolir la République; que tout ce qui s'était passé de mal venait de ce qu'il n'y a pas de roi en France; enfin, que son père faisait dire aux Français de rappeler un descendant des anciens rois et de le reconnaître pour leur souverain, afin que les deux pays soient bien d'accord.

M. Bayol apposa sa signature au bas de cette pièce, et, dès le lendemain, il s'empressait de quitter Abomey; il était temps, deux jours après Glé-Glé mourait.

Le 31 décembre au soir, grâce à une marche rapide, la mission rentrait saine et sauve à Kotonou.

Le prince Kondo succéda à son père sur le trône du Dahomey sous le nom de Béhanzin, comme nous l'avons dit ci-dessus.

Dès son arrivée au pouvoir, il se prépara à une action énergique contre nous, en réunissant de nombreux contingents et en faisant maltraiter nos tirailleurs par les autorités de Kotonou.

Il était urgent de prendre une décision immédiate, capable de mettre un frein aux menaces du nouveau monarque. M. Bayol en prévint, sans retard, le Sous-Secrétaire d'Etat aux colonies.

Celui-ci soumit la question au conseil des ministres; mais, en présence de l'hostilité marquée du parlement pour les expéditions coloniales, le gouvernement crut devoir repousser toute idée d'offensive, et des ordres furent donnés en conséquence.

En transmettant ses ordres, M. Etienne demandait au lieutenant gouverneur quelles seraient, dans sa pensée, l'importance et la composition des troupes à envoyer au Dahomey, la dépense, la durée probable des opérations, les difficultés, la résistance à prévoir, et enfin s'il était possible d'engager la campagne immédiatement.

Le Sous-Secrétaire d'Etat aux colonies insistait, en outre, pour que des mesures fussent prises à seule fin d'assurer la protection des établissements européens, tant sur la côte que dans l'intérieur, et prévenait M. Bayol que, au cas où il ne pourrait répondre de la sécurité avec les troupes dont il disposait, il lui serait envoyé du Sénégal les renforts qu'il demanderait.

Le 19 janvier 1890, le chef de nos possessions du Bénin répondait à Paris qu'il estimait qu'une expédition était possible sans l'intervention du parlement, l'effectif nécessaire pour réduire et occuper le Dahomey pouvant être évalué à :

1 bataillon de tirailleurs sénégalais;

2 compagnies blanches;

1 batterie d'artillerie de montagne de 80^{mm};

1 section d'auxiliaires du génie;

500 guerriers du roi Toffa;

Les services accessoires.

Le train et les convois pouvaient être, dans la pensée du lieutenant-gouverneur, constitué sur place par des porteurs indigènes et des pirogues. Il pensait aussi que les revenus de la douane de Kotonou et du littoral, ainsi que la contribution de guerre dont on frapperait le Dahomey, pourraient couvrir les frais de l'expédition, qui, suivant ses prévisions, ne devait durer qu'un mois au plus.

En tout état de cause, M. Bayol demandait de suite deux compagnies de tirailleurs sénégalais et quatre canons de

4 de montagne pour assurer, avec les forces existantes et le concours des bâtiments de la flotte appuyant les opérations, l'occupation définitive de Kotonou et l'enlèvement de Whydah, Avrékété, Godomey et Abomey-Calavi.

Narrateur fidèle des événements, nous n'avons pas à élever de critiques sur la préparation ni sur l'exécution des opérations. Si, cependant, on rapproche ce que nous avons dit de l'armée dahoméenne des prévisions du lieutenant-gouverneur, il est permis de trouver exagéré l'optimisme dont il a fait preuve en cette circonstance. Le lecteur ne manquera certainement pas de se faire cette réflexion.

Dès le 20 janvier, le sous-secrétariat d'Etat des colonies donnait des ordres, au gouverneur du Sénégal, pour l'envoi immédiat au Bénin de deux compagnies de tirailleurs sénégalais et de quatre canons de 4 de montagne. Le chef de bataillon Terrillon était désigné pour prendre le commandement du corps expéditionnaire et aller se mettre à la disposition du lieutenant-gouverneur.

Le conseil des ministres, présidé par M. Tirard, n'était point d'avis d'engager une action énergique sans le concours financier des représentants du pays. Mais la situation parlementaire était difficile, et, plutôt que d'essuyer un échec devant les Chambres, le conseil s'arrêta à une action restreinte au Bénin. Le commandant Léopold Fournier, pressenti à ce sujet, avait lui-même déclaré que l'action pouvait être limitée à la défense de nos territoires et à la protection des factoreries sur la côte.

A la suite de la décision du gouvernement, M. Barbey, alors ministre de la marine, donna des instructions au commandant du *Sané* pour que, dans l'expédition engagée, il prêtât au lieutenant-gouverneur tout son concours, mais en restant strictement dans son rôle maritime, c'est-à-dire en évitant tout débarquement de marins.

Cet ordre, comme celui qui fut donné plus tard et dans lequel il était rappelé que la flotte devait rester sur mer et ne prendre aucune responsabilité dans les événements du Bénin, fut l'objet de vives critiques. Certains esprits chagrins crurent y trouver la matière d'un conflit entre le sous-secrétariat d'Etat aux colonies et le ministère de la marine ou, mieux, entre la flotte et les troupes.

Rien n'est moins exact cependant. L'ancien Ministre de la marine, M. Barbey, a donné au Sénat, dans la séance du 13 avril 1892, les motifs qui l'avaient poussé à agir ainsi. Il a démontré sans peine l'insignifiance de l'appoint que le *Sané* aurait pu donner au corps expéditionnaire, en raison de son faible effectif d'abord et de son état sanitaire ensuite.

L'honorable sénateur aurait pu ajouter que les effectifs des navires sont calculés au strict nécessaire pour la mission qu'ils ont à remplir, et qu'affaiblir ces effectifs c'est ôter aux bâtiments une partie de leurs moyens d'action. Or, au Bénin, la tâche de notre flotte était suffisamment complexe pour ne pas l'étendre. Elle devait exercer une surveillance continuelle, appareiller à chaque instant pour visiter la côte depuis Kotonou jusqu'à Grand-Popo, où nous avions des intérêts à protéger; il lui fallait aussi assurer le transport des troupes du Sénégal au Bénin, les porter le plus rapidement possible d'un point à un autre plus menacé, et enfin appuyer de son artillerie les opérations à terre.

On a souvent reproché à la flotte de jouer au soldat dans les expéditions coloniales, et tous les écrivains militaires sont tombés d'accord pour demander que la mer reste aux marins, la terre aux terriens, tout en faisant converger les efforts vers le but commun, la victoire. Rien n'est plus juste d'ailleurs et l'on a peine à s'expliquer tout le tapage fait autour d'ordres aussi judicieux que ceux qui furent donnés par la marine.

Départ du corps expéditionnaire.

Le 7 février, tous les préparatifs du corps expéditionnaire tiré du Sénégal étaient terminés; il était passé en revue par le colonel Doods, commandant supérieur des troupes, puis dirigé sur Dakar, où l'*Ariège* attendait pour l'embarquer à destination du Bénin.

Le personnel comprenait : l'état-major, deux compagnies de tirailleurs sénégalais et un détachement d'artillerie. Comme matériel, on emmenait les bagages, des vivres, des armes, quatre canons de 4 rayés de montagne, approvisionnés à soixante-quinze coups par pièce, et quarante mille cartouches pour fusil 1874.

L'embarquement étant terminé le 9 février, l'*Ariège* appareillait le soir même à 4 heures et, le 10, à 2 heures de l'après-midi, elle jetait l'ancre devant Kotonou.

Pendant ce court trajet, l'influenza, qui régnait au Sénégal, sévit sur les troupes et beaucoup d'hommes en furent atteints.

Dès l'arrivée au mouillage, le commandant Terrillon se rendit à bord du *Sané* pour arrêter, de concert avec le capitaine de vaisseau Fournier, les mesures nécessaires au débarquement des hommes et du matériel. Il fut décidé que cette opération commencerait de suite et, de fait, le lendemain soir, elle était entièrement terminée.

A son retour à bord, M. Terrillon avait à déplorer le décès du caporal indigène Karé et, le lendemain matin, celui du sergent-major Besson, tous deux morts de l'épidémie régnante. On les inhuma, dans l'après-midi du 10, avec les honneurs militaires dus aux braves qui sacrifient leur existence au service de la patrie.

Le 21 février, le corps expéditionnaire se renforçait de la compagnie de tirailleurs gabonais, débarquée du *Sané* depuis le 17, et d'une section de la 10e compagnie de tirailleurs sénégalais qui tenait garnison à Kotonou. Le reste de cette compagnie fut affecté au service de nos autres possessions de la Côte des Esclaves, et réparti ainsi :

1° Le commandant de la compagnie (capitaine Arnoux),

un médecin (docteur Roux), 116 tirailleurs sénégalais, 8 artilleurs et 3 artificiers à Porto-Novo;

2° Un scus-lieutenant (M. Martineau) et 12 tirailleurs à Grand-Popo;

3° Un sous-officier avec 9 hommes à Agoué.

Le capitaine Septans, qui avait été envoyé en mission par le colonel commandant supérieur des troupes, se trouvait aussi à Porto-Novo.

Par suite, la colonne expéditionnaire, à la date du 21 février 1890, comprenait :

1° A Kotonou

Etat-major : Le chef de bataillon Terrillon, commandant la colonne, le lieutenant Collombier, le médecin de 2e classe Dodart, un soldat ordonnance et un soldat armurier.

Troupes. — 2e compagnie de tirailleurs sénégalais : le capitaine Lemoine, le lieutenant Huillard, le sous-lieutenant Tiffon, le sous-lieutenant indigène Suleymann-Diencq, 5 sous-officiers et 2 soldats européens, 4 sous-officiers et 107 caporaux et soldats indigènes.

4e compagnie de tirailleurs sénégalais : le capitaine Pansier, le lieutenant Lagaspie, le sous-lieutenant Mousset, le sous-lieutenant indigène Yoro-Cumba, 6 sous-officiers et 3 soldats européens, 4 sous-officiers et 108 caporaux et soldats indigènes.

10e compagnie de tirailleurs sénégalais (1 section) : le sous-lieutenant Szymanski, 1 sous-officier européen et 24 caporaux et soldats indigènes.

Compagnie de tirailleurs gabonais : le capitaine Oudard, le lieutenant Compérat, le sous-lieutenant Toumané-Aï-Sta, 4 sous-officiers européens, 2 sous-officiers et 60 caporaux et soldats indigènes.

Détachement des 25e et 26e batteries d'artillerie de marine : 1 sous-officier, 1 artificier et 10 artilleurs.

2° A Porto-Novo

10e compagnie de tirailleurs sénégalais : le capitaine Arnoux, le médecin de 2e classe Roux, 3 sous-officiers et 10 soldats européens, 2 sous-officiers et 111 caporaux et soldats indigènes (dans ces chiffres sont compris 8 artilleurs et 3 infirmiers).

3° A Agoué

Détachement de la 10e compagnie de tirailleurs sénégalais : 1 sous-officier européen et 9 caporaux et soldats indigènes.

4° A Grand-Popo

Détachement de la 10e compagnie de tirailleurs sénégalais : le sous-lieutenant Martineau, 12 caporaux et soldats indigènes.

L'armement des différents postes était le suivant :

Porto-Novo : 4 canons de 4 rayés de montagne, approvisionnés à 65 coups par pièce, et 56,000 cartouches modèle 1874 ;

Grand-Popo : 5,000 cartouches modèle 1874 ;

Agoué : 4,000 cartouches modèle 1874.

Les troupes furent logées, à Porto-Novo, sous les hangars et dans les magasins des factoreries Régis et Fabre. Quant aux vivres, au fur et à mesure de leur mise à terre, on les plaçait tant bien que mal sous des abris. Un local fut réservé pour les munitions et l'ambulance.

Combat de Kotonou.

Le 21 février, au matin, le commandant Terrillon se rendait chez le lieutenant gouverneur et le priait de lui faire connaître les intentions du gouvernement sur l'expédition à entreprendre. Pour la première fois, il apprenait de source

CROQUIS DE KOTONOU

Du 21 février au 5 mars inclus

d'après les travaux des officiers du corps expéditionnaire du Dahomey.

NOTA. — Les parties hachées ont été incendiées ou détruites après le 21 février pour les besoins de la défense.

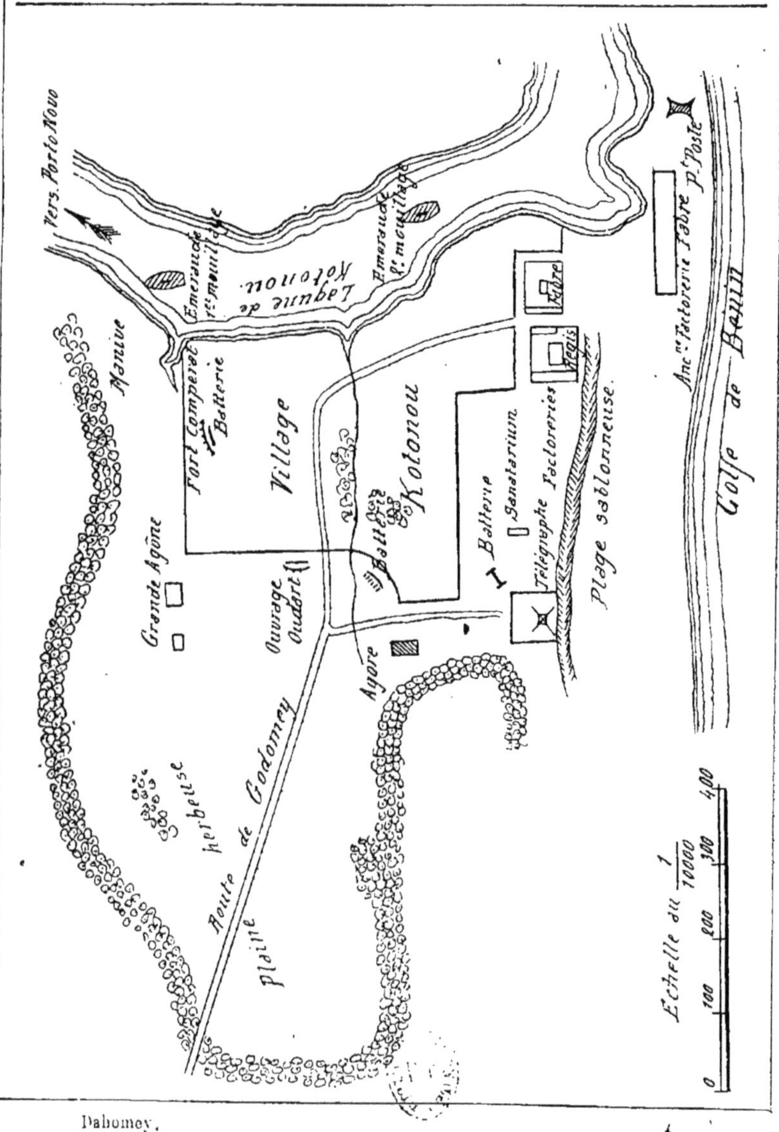

officielle qu'il s'agissait de faire respecter les traités de 1868 et de 1878, qui nous concédaient l'occupation de Kotonou, et d'amener le roi à composition pour la cession de différents points du littoral.

Dans cet entretien, M. Bayol insista pour une marche sur Whydah, où des Français, notamment MM. Legrand, Chaudoin et Bontemps, de la factorerie Cyprien Fabre, le P. Dorgère et quelques missionnaires, se trouvaient à la merci du roi Béhanzin, qui leur avait fait fermer les chemins.

Il devenait évident qu'au premier acte ayant pour but d'assurer l'exécution du traité, nos malheureux compatriotes allaient être pris et emmenés comme otages à Abomey.

Ce dénouement ne faisait pas plus de doute dans l'esprit du commandant Terrillon que dans celui de M. Bayol ; seulement, il se demandait s'il ne serait point par trop téméraire d'entreprendre une marche sur Whydah avec un effectif de 300 hommes valides, à peine, effectif qui serait encore diminué assez considérablement par la nécessité de laisser suffisamment de troupes à la garde de Kotonou, qui était menacé par l'armée dahoméenne.

Celle-ci, d'après les renseignements donnés par le capitaine de vaisseau Fournier, qui, à ce moment, explorait la côte avec le *Sané* et l'*Ariège,* était parfaitement organisée, possédait des fusils à tir rapide et, fanatisée par ses féticheurs, se disposait à combattre jusqu'à la mort

Après avoir envisagé la situation sous toutes ses faces, le commandant du corps expéditionnaire se vit forcé, à son grand regret, d'abandonner nos compatriotes à leur sort ; une action sur Whydah n'aurait eu pour résultat que de courir à un échec certain, peut-être même à un désastre.

L'optimisme de M. Bayol recevait une première atteinte.

Il fut donc décidé que l'on prendrait solidement pied à

Kotonou et que, pour répondre de la vie de nos concitoyens, on chercherait à se procurer quelques otages.

L'occasion était d'ailleurs des plus propices, les agorigans (gens notables) de Kotonou s'étant montrés fort insolents depuis quelques jours.

Ainsi, ils avaient fait des remontrances sur l'inhumation de deux militaires français sans leur autorisation, sur le débarquement de nos troupes, etc.; leur façon d'être démontrait qu'ils attendaient sans délai l'arrivée des premières troupes dahoméennes.

Après entente avec le lieutenant gouverneur, on les convoqua pour l'après-midi à la factorerie Régis, et, à la suite d'un long palabre, ils furent arrêtés.

Le même jour, vers 3 heures du soir, les troupes de la colonne, à l'exception de la 2e compagnie, employée au débarquement des vivres, de la section de la 10e compagnie laissée en réserve au Télégraphe, et de l'artillerie, dont le matériel n'était pas au complet, allèrent opérer la reconnaissance du village, en le contournant par l'ouest et le nord.

Il leur était défendu de commettre aucun acte d'hostilité, et elles ne devaient faire usage de leurs armes que si elles étaient attaquées. M. Angot, secrétaire du lieutenant gouverneur, marchait avec l'avant-garde pour la guider.

Ce fonctionnaire, dont le colonel Terrillon fit le plus grand éloge, devait, par la suite, continuer à accompagner nos reconnaissances dans les environs.

En arrivant au nord de Kotonou, sur les bords de la lagune, l'avant-garde (lieutenant Compérat) pénètre dans le village pour le traverser dans sa plus grande longueur (nord-sud), tandis que les autres troupes, composées d'une section de Gabonais (capitaine Oudard) et de la 4e compagnie de tirailleurs (capitaine Pansier), étaient échelonnées au nord-ouest et à l'ouest, gardant toutes les issues.

L'avant-garde est accueillie par des coups de fusil et

répond ; une fusillade assez vive s'engage, puis cesse peu à peu. La 2e section de tirailleurs gabonais (capitaine Oudard) va renforcer la première ; elle est suivie elle-même d'une section de la 4e compagnie (lieutenant Lagaspie).

La marche en avant est alors reprise et la fusillade recommence avec plus d'acharnement. Nos tirailleurs ne prennent plus la peine, maintenant, de profiter des broussailles épaisses qu'ils traversent pour se dérober à la vue de l'adversaire ; ils s'élancent bravement, quoique la plupart voient le feu pour la première fois. L'ennemi s'enfuit, disparaissant dans les hautes herbes, mais il est poursuivi encore très loin.

Enfin, la sonnerie de « Cessez le feu » retentit de tous côtés ; on se rassemble et l'on se compte : nous n'avons que 4 blessés ; les Dahoméens nous laissent 15 cadavres entre les mains.

Edification d'un fort.

Dès le lendemain, une reconnaissance était envoyée au nord du village pour étudier l'emplacement d'un fort que le commandant voulait faire édifier pour assurer la défense de la place.

Ce fort était destiné à pouvoir loger 60 hommes ; il devait être construit au moyen de palanques, avec fossés en avant, armé de deux canons et flanqué par des brisures de la crête et par des bastions.

Les autres conditions requises étaient les suivantes : n'être pas trop éloigné des factoreries ; s'appuyer à la lagune ; se relier à un poste qui devait être établi ultérieurement en avant du télégraphe.

Le soir même, les études étaient terminées; des torches incendiaires débarrassaient les abords du terrain sur lequel l'ouvrage devait s'élever, afin de dégager le champ de tir, et les travaux commençaient aussitôt.

Malheureusement, on n'avait que des outils de compagnie, c'est-à-dire des bêches à manches courts, du poids de 750 grammes, des pioches et des pics, également à manches courts, ne pesant pas plus de 1,100 à 1,200 grammes, et enfin des petites scies articulées, capables tout au plus de scier des piquets de 12 à 15 centimètres de diamètre.

Néanmoins, comme tout le monde apportait la meilleure volonté au travail, un retranchement respectable ne tarda pas à abriter les défenseurs.

Nouveau combat.

Le 23 février, à midi, l'ennemi est signalé à 1,200 mètres des avant-postes, sur la lisière des bois que traverse la route de Kotonou à Godomey.

Deux colonnes sont formées pour aller l'attaquer : la première (colonne de gauche) comprend la compagnie de Gabonais (capitaine Oudard), la 4e compagnie de tirailleurs sénégalais (capitaine Pansier) et une pièce de 4 rayée de montagne (sous-lieutenant Szymanski) ; la deuxième (colonne de droite) est composée d'un peloton de la 2e compagnie de tirailleurs sénégalais (capitaine Lemoine) et d'une pièce de 4 rayée de montagne (maréchal des logis Moreau, de l'artillerie de marine).

A la vue de nos troupes, l'ennemi semble hésiter, nos colonnes marchent résolument vers lui, protégées par le tir de l'artillerie. Elles sont séparées entre elles par un bois, qui est fouillé par les flanc-gardes; celles-ci ont à faire feu sur quelques éclaireurs, qui disparaissent bientôt.

La colonne de gauche arrive la première au delà du bois et se trouve en présence des forces dahoméennes, qui peuvent être évaluées à 800 fusils.

L'ennemi essaie de résister en profitant des parcelles de broussailles qui s'élèvent dans toute la plaine située au nord-ouest de Kotonou; mais l'attaque de notre colonne est si vigoureuse, ses feux de salve, entre 400 et 200 mètres, joints au tir précis de l'artillerie, sont si bien ajustés qu'il est obligé de lâcher pied.

Il est poursuivi, dans sa retraite, par les feux combinés de l'artillerie et de l'infanterie. En disparaissant sous bois, il laisse entre nos mains 17 cadavres, de nombreuses armes (mousquetons français modèle 1882, fusils de traite, fabriqués à Birmingham, etc.) et une certaine quantité de vivres et de munitions.

Cette affaire nous coûtait 3 blessés ; on sera au-dessous de la vérité en évaluant les pertes dahoméennes à 60 hommes, car la plupart de ceux qui furent touchés se retirèrent dans les broussailles épaisses avoisinantes.

La colonne de droite arriva au point de jonction sans avoir rencontré aucun obstacle devant elle.

Demande de renforts.

Le commandant Terrillon, prévoyant qu'il aurait dorénavant à lutter contre des forces bien supérieures en nombre, télégraphia au commandant supérieur des troupes du Sénégal, à Saint-Louis, pour lui demander des renforts, des mutions et des outils, dont il avait le plus pressant besoin.

De son côté, M. Bayol, en câblant nos succès au sous-secrétariat d'Etat des colonies, lui demandait, au nom du commandant Terrillon, une compagnie blanche de 150 hommes et 100 tirailleurs. Il se rendait compte maintenant que les chiffres qu'il avait donnés comme suffisants pour mener les opérations à bien étaient beaucoup trop faibles, mais il n'avait pas encore renoncé à son projet de marche sur Whydah.

La nouvelle de ces deux engagements et la demande de renforts qui suivit jetèrent un certain émoi dans l'administration coloniale, qui craignit alors de s'être trop aventurée, étant données les idées dominantes du cabinet et du Parlement.

Le 24 février, M. Etienne câblait au lieutenant gouverneur d'éviter de se laisser entraîner, par ces premiers succès, au delà du programme approuvé par le gouvernement, l'impression dominante à Paris étant qu'avec les forces dont il disposait il pourrait conserver sa position défensive contre le Dahomey. Toute marche en avant, disait-il, non seulement présente un danger, mais est encore de nature à créer de graves embarras parlementaires au gouvernement. Et il ajoutait que, avant de donner des ordres pour l'envoi des renforts demandés, il attendait de nouvelles explications.

M. Bayol répondit aussitôt qu'à l'aide des renforts qu'il recevrait on pourrait occuper, *sans le moindre échec,* tous les points nécessaires à la protection de notre commerce, c'est-à-dire Kotonou, Whydah et Abomey-Calavi. A son avis, on devait laisser une garnison suffisante sur ces points et envoyer des colonnes mobiles pour éclairer, assurer les communications et détruire le prestige du Dahomey.

Il s'était bien gardé, avant d'envoyer cette réponse, de consulter le commandant Terrillon et le commandant Fournier.

Mais, au conseil des ministres, on commençait à douter de l'efficacité du plan de campagne adopté par le lieutenant gouverneur; aussi, dès le 25 février, le Ministre de la marine demandait-il au commandant du *Sané* de lui télégraphier la situation exacte, avec son appréciation, et de lui dire s'il estimait que des renforts fussent nécessaires, étant donné que le gouvernement, ne voulant pas d'expédition dans l'intérieur, tenait à limiter l'action des troupes à la défense de nos possessions de la côte.

Au reçu de cette dépêche, le commandant Fournier répondit au Ministre que l'ennemi menaçant de devenir nombreux après les fêtes royales, il estimait que des renforts étaient nécessaires pour conserver Kotonou et protéger Porto-Novo, mais qu'ils devaient être considérables si l'on voulait prendre possession de la côte jusqu'à Grand-Popo, opération qui devait nous entraîner à une action sur Whydah.

C'était également l'avis du commandant Terrillon ; mais, placé sous l'autorité directe du lieutenant gouverneur, dont les vues étaient divergentes, il se trouvait dans l'obligation d'exécuter les ordres qu'il en recevait.

Renforcement du corps expéditionnaire.

Kotonou étant particulièrement menacé, le commandant des troupes à terre s'ingéniait à le mettre à l'abri d'un coup de main et aussi à renforcer son corps expéditionnaire avec les éléments dont il pouvait disposer.

Il fit d'abord venir de Porto-Novo le capitaine Septans avec 4 artilleurs, deux pièces de 4 rayées de montagne, 22 gardes civils armés du fusil modèle 1874 et 300 auxiliaires du roi Toffa munis de fusils à pierre.

M. Ballot, résident de France à Porto-Novo, et M. l'administrateur d'Albéca arrivèrent en même temps, ce dernier pour prendre la direction des services administratifs du corps expéditionnaire.

Afin de pouvoir tirer le meilleur parti possible des auxiliaires, il fut décidé que l'on formerait une compagnie mixte avec une section de la 10e compagnie de tirailleurs sénégalais, 22 gardes civils et 30 volontaires du roi Toffa, sous les ordres du capitaine Septans.

Le sous-lieutenant d'infanterie de marine Szymanski prit le commandement de l'artillerie, qui comprenait alors six pièces.

Les travaux de défense furent poussés activement, maïs marchèrent pourtant moins vite qu'on l'eût désiré, les auxiliaires étant, par leur paresse excessive, une gêne plutôt qu'un appoint.

Pour faciliter l'exécution de ces travaux, le capitaine de vaisseau Fournier avait mis fort obligeamment à la disposition du corps expéditionnaire toutes les pelles, haches, scies, etc., dont il pouvait disposer. Cette façon d'agir dit suffisamment le cas qu'il faut faire des racontars qui nous montraient la flotte et l'armée comme deux rivales ne pouvant s'entendre. Rivales! elles l'ont été dans cette dure expédition, mais c'est en courage, en abnégation et en dévoûment pour la France.

A l'aide de ces outils, la construction du fort et le débroussaillement furent menés de front; on commença à couper le bois situé à l'ouest du télégraphe, et des abris, protégés par des abatis profonds et serrés, furent créés sur le front de la ligne de défense pour couvrir les avant-postes. Ces travaux n'empêchaient pas d'ailleurs d'exercer chaque jour la compagnie mixte, les artilleurs que l'on était obligé d'improviser et les porteurs destinés à l'artillerie et à l'ambulance.

Bombardement et reconnaissance.

Le 25, de nombreux rassemblements ennemis sont signalés dans des bois situés à 3 kilomètres au nord et à l'ouest de Kotonou. A minuit, le croiseur *le Sané* et la chaloupe *l'Emeraude,* mouillés dans la lagune, ouvrent un feu violent sur les points désignés; leurs premiers obus sont accueillis par des cris et un brouhaha indiquant le désordre qu'ils avaient dû jeter dans les rangs dahoméens.

Dès la pointe du jour, les troupes à terre poussent des reconnaissances dans toutes les directions jusqu'à 2 kilomètres; elles rentrent sans avoir rien remarqué d'anormal.

Ordre du jour.

Aussitôt que le colonel Dodds, commandant supérieur des troupes au Sénégal, eut connaissance des succès du corps expéditionnaire du Dahomey, il adressa aux troupes sous son commandement l'ordre du jour suivant :

« Le colonel, commandant supérieur des troupes, porte à la connaissance des différents corps les nouvelles suivantes, qu'il a reçues du Bénin.

» Après avoir terminé, le 20 février, le débarquement des troupes, M. le chef de bataillon Terrillon a pris possession de Kotonou après un combat de trente minutes, qui a coûté à l'ennemi quinze tués et un grand nombre de blessés. De notre côté, cinq tirailleurs ont été mis hors de combat.

» Le 23, des réguliers dahoméens tentaient un retour offensif. Vigoureusement reçus par nos troupes, ils se sont retirés en laissant un grand nombre de morts et d'armes; trois tirailleurs ont été blessés.

» Malgré ces deux échecs, l'ennemi reparaissait le 26, en nombreuses bandes, dans les bois voisins de Kotonou, mais en était bientôt délogé par l'artillerie du *Sané* et de *l'Emeraude*. Il est concentré aujourd'hui au village d'Abomey-Calavi, à 24 kilomètres environ au nord-ouest de Kotonou.

» Ces premiers succès font le plus grand honneur à M. le commandant Terrillon et aux troupes placées sous ses ordres. Le colonel, commandant supérieur des troupes, leur adresse toutes ses félicitations.

» Saint-Louis, le 28 février 1889.

» *Le Commandant supérieur des troupes,*

» Signé : Dodds. »

Reconnaissance de Zobbo.

Le 28 février, dans la journée, le résident de France, M. Ballot, faisait connaître que, d'après les renseignements envoyés de Porto-Novo, des troupes dahoméennes se concentraient sur la ligne Godomey-Abomey-Calavi et, plus en arrière, à Allada, où le roi devait se rendre.

Pour compléter ce renseignement, le commandant Terrillon décida qu'une reconnaissance serait dirigée sur Zobbo et qu'elle comprendrait :

La 2e compagnie de tirailleurs sénégalais (102 hommes), capitaine Lemoine;

La 4e compagnie du même corps (98 hommes), capitaine Pansier;

La compagnie mixte (71 hommes), capitaine Septans;

3 pièces de 4 rayées de montagne, approvisionnées à 40 coups, sous-lieutenant Szymanski.

Le 1er mars, à 4 h. 1/2 du matin, les troupes prennent passage à bord de petites pirogues réquisitionnées à cet effet.

Jusqu'à Avantari, village lacustre bâti sur le lac Denham, la distance fut rapidement franchie; mais, à partir de ce point jusqu'à Zobbo, c'est-à-dire pendant 1 kilomètre 1/2, il fallut traîner les embarcations dans la vase. Comme Avantari, Zobbo est situé sur les bords marécageux du lac Denham, à 5 kilomètres au nord de Kotonou, 6 kilomètres sud d'Abomey-Calavi, 6 kilomètres est de Godomey et 2 kilomètrès de la route qui réunit les deux villes.

Le débarquement ne put s'effectuer qu'à 8 heures du matin. Le village paraissait tout d'abord abandonné; mais, à peine les gardes civils, qui débarquèrent les premiers, eurent-ils mis pied à terre, qu'ils furent accueillis par une vive fusillade partant des fourrés entourant le village. Deux d'entre eux furent tués.

Au bruit de la fusillade, les tirailleurs du capitaine Lemoine prennent le pas de course et, se jetant dans la vase, leurs officiers en tête, viennent soutenir les auxiliaires, qui paraissent faiblir.

C'est alors une mêlée indescriptible; on se bat un peu partout à la fois, car de tous côtés l'ennemi se montre acharné. Le commandant Terrillon, ayant à côté de lui son adjudant-major le lieutenant Collombier, M. Angot, secrétaire du résident, et deux braves agents de la compagnie Régis,

MM. Piétri et Bertrand, qui s'étaient volontairement offerts pour servir de guides, se voit entouré d'un groupe d'ennemis qui n'est plus qu'à 10 ou 12 pas d'eux, et les oblige à se défendre à coups de revolver.

Après quelques feux de salve, parfaitement exécutés par la compagnie Lemoine, le clairon jette les notes stridentes de la charge. Mus comme par un fil électrique, gradés et soldats de cette compagnie s'élancent en avant, enlèvent le village aû pas de course et poursuivent l'adversaire jusqu'à 600 mètres au sud, sur les bords d'un marigot rempli de vase.

Là, l'ennemi tente un retour offensif; une pièce de canon est débarquée au prix d'efforts inouïs et balaie la droite du rivage. Pendant ce temps, la compagnie mixte du capitaine Septans va occuper les broussailles qui se trouvent à l'ouest, sur la route de Godomey, et les trois pièces de 4 rayées de montagne, sous les ordres du sous-lieutenant Szymanski, peuvent enfin être mises à terre et portées entre les deux compagnies.

Alors commence un feu terrible de mousqueterie et d'artillerie; à chaque instant des éclaircies se produisent dans les rangs des rebelles, qui tombent en poussant des cris sauvages. La résistance ne tarde pas à être ébranlée; peu à peu le feu diminue et l'on voit l'ennemi en fuite dans toutes les directions. C'en est fait maintenant : nous sommes maîtres du terrain.

Pendant le combat, la 4e compagnie de tirailleurs a un peloton en réserve aû sud du village, une section face à l'est se reliant à la 2e compagnie et une section de garde aux embarcations.

A 10 heures, tout était terminé; nos soldats se préparaient à manger le repas froid qu'ils avaient apporté et le commandant Terrillon, dont l'activité était incessante, rectifiait la position des troupes, afin de faire face partout à la fois. L'ennemi crut le moment opportun pour prononcer un retour offensif sur les quatre côtés du carre formé par nos hommes.

A peine les premiers coups de fusil étaient-ils tirés sur les avant-postes que nos soldats avaient déjà rompu les faisceaux et s'étaient rendus à leur poste de combat. Les trois pièces d'artillerie, qui, par mesure de précaution, avaient été reportées au sud du village, face à l'ouest, couvrirent la position ennemie de projectiles pendant que, de tous côtés, l'infanterie exécutait des feux de salve.

Il fut difficile, en raison de la nature du sol, d'évaluer les forces dahoméennes, mais l'intensité de leurs feux et la violence de leur attaque prouvent qu'ils avaient dû recevoir des renforts assez considérables, que l'on peut évaluer de 1,000 à 1,200 hommes, dont la majeure partie était venue par la route de Godomey.

Au bout d'une demi-heure de lutte, tout le terrain en avant fut entièrement dégagé et nos soldats purent terminer leur repas et se reposer jusqu'au moment de leur embarquement, qui commença à midi.

Cette opération fut des plus pénibles, en raison des difficultés d'accès créées par les marécages. Elle s'effectua sous la protection de la compagnie mixte, qui, avant de se retirer, incendia le village.

A 5 heures du soir, le corps expéditionaire tout entier était de retour à Kotonou.

Cette journée nous coûtait 2 auxiliaires tués et 2 blessés; l'ennemi laissait sur le champ de bataille une vingtaine de cadavres, qu'il n'avait pu emporter, des armes, des fétiches et différents effets; mais là ne se bornaient point ses pertes: les rapports des espions et des prisonniers nous apprenaient, quelques jours après, qu'il n'avait pas eu moins de 300 hommes hors de combat.

Cette reconnaissance avait permis au commandant de constater la présence de forces considérables à quelques kilomètres au nord de Kotonou. Des renseignements venus de Porto-Novo venaient corroborer cette opinion, en faisant connaître que le roi était arrivé à Allada et que, sous peu, nous aurions à soutenir le choc de l'armée régulière. Jusqu'à ce jour, en effet, nos soldats n'avaient rencontré que les contingents des villes et villages du sud : Whydah, Godomey, Allada, Abomey-Calavi, appuyés de quelques réguliers. Certes, ces troupes s'étaient bien battues, mais il leur manquait l'ordre et la cohésion ; de là leurs pertes considérables si on les compare aux nôtres.

Les otages français.

La journée du 2 mars fut calme. Le commandant Fournier en profita pour explorer rapidement la côte. Il apprit à Whydah que les Français qui y étaient restés : l'agent consulaire Bontemps, le P. Dorgère, M. Thoris, agent de la maison Régis, Mante et Borelli, et MM. Chaudoin, Leyraud et Piétri, agents de la maison Régis Fabre, avaient été traîtreusement attirés hors de la factorerie Fabre, où ils s'étaient réfugiés et avaient été emmenés dans l'intérieur.

Le représentant du roi les avait mandés en dehors du fort, sous prétexte de leur communiquer des ordres royaux, s'était emparé de leurs personnes et les avait fait conduire à Abomey, enchaînés par les pieds et par le cou.

Combat du 4 mars.

En arrivant à Grand-Popo, M. Fournier apprit, par un espion, que Kotonou allait être attaqué à bref délai; il appareilla aussitôt pour coopérer, par mer, à la défense du commandant Terrillon. Le 3 au soir, il était en rade.

De son côté, le capitaine Arnoux, commandant le poste de Porto-Novo, avait déjà signalé, dans la journée du 1er mars, des mouvements de troupes dahoméennes à 40 kilomètres au nord de son poste.

Une attaque de l'ennemi était donc imminente.

Toutes les précautions furent prises pour y faire face. Dans la journée du 3, le capitaine Septans, ayant remarqué, chez les auxiliaires de sa compagnie, des symptômes de découragement et de lâcheté, il en fit part au commandant Terrillon, qui ordonna leur désarmement immédiat. Les gardes civils seuls conservèrent leurs armes. Cette mesure de prudence était nécessaire, car, dans un combat de nuit, ces auxiliaires ne pouvaient que nuire et jeter la panique.

Pour la nuit du 3 au 4 mars, les avant-postes reçurent l'ordre d'exercer une surveillance toute particulière et furent placés de manière à occuper la ligne reliant le fort en construction au télégraphe.

Ils comprenaient :

1° Sur les bords de la lagune, dans le bastion nord du fort, une section de Gabonais et une pièce de 4 rayée de montagne, sous les ordres du lieutenant Compérat ;

2° Dans un poste, entouré d'abatis, situé à 200 mètres au sud-ouest du fort, une autre section de Gabonais sous le commandement du capitaine Oudard ;

3° Dans un ouvrage élevé à 30 mètres au sud-ouest et à 20 mètres en arrière de la section Oudard, une demi-section de la 2e compagnie de tirailleurs sénégalais avec une pièce de 4 de montagne, commandée par le maréchal des logis Moreau ;

4° A l'Agor, maison en paillottes, entourée d'abatis, une section de la 10e compagnie de tirailleurs sénégalais, avec son chef, le sergent Albert ;

5° Derrière cette section et en réserve, les 22 gardes civils ;

6° Sur une petite élévation située en avant du Sanatarium, le sous-lieutenant Szymanski avait monté deux pièces de 4 rayées de montagne, qu'il dirigeait en personne ;

7° Enfin, au télégraphe, une demi-section de la 4e compagnie.

Un poste de surveillance de quatre hommes était, en outre,

établi sur la pointe de terre qui s'avance entre la lagune et la mer.

La réserve comprenait :

Trois sections de la 2e compagnie de tirailleurs sénégalais, retranchées à la factorerie Régis ;

Trois sections et demie de la 4e compagnie du même corps, occupant la factorerie Fabre sud ;

Deux pièces de 4 rayées de montagne, établies un peu en arrière du Sanatarium.

En raison de la nature du terrain et de la manière de combattre des Dahoméens, qui s'avancent toujours en rampant et en se dissimulant avec beaucoup d'adresse, les différents postes se gardaient de la façon suivante : on ne portait en avant ni sentinelles ni postes de quatre hommes, qui pouvaient être enlevés trop facilement ; de 7 heures à 10 heures du soir, un tiers de l'effectif était debout ; il était remplacé par un deuxième tiers, qui veillait jusqu'à 1 heure du matin, lequel cédait sa place au reste de la troupe. A partir de 4 heures, tout le monde devait être à son poste prêt à faire feu.

Cette nuit du 3 au 4 mars fut marquée par un orage épouvantable. Les coups de tonnerre succédaient aux éclairs et repercutaient leurs grondements sinistres dans les bois. De tous côtés, les cimes des arbres ployaient sous l'effort de la tempête avec des craquements plaintifs auxquels venait se mêler, de temps à autre, le bruit sourd de lourdes branches se déchirant pour s'abattre sur le sol. Toute la nuit, l'horizon fut en feu, et ce n'est que vers 4 heures du matin que le vent s'apaisa et que le ciel fut moins chargé. La lune se montra alors au milieu de gros nuages, qui filaient avec une grande rapidité en la faisant paraître et disparaître tour à tour.

Profitant de cette tornade et de la faveur de la nuit, les Dahoméens s'étaient avancés sous bois, comptant se rapprocher de nos lignes pour les surprendre dans l'obscurité ;

mais, de tous côtés, malgré l'ouragan, on faisait bonne garde.

Un peu avant 5 heures du matin, au moment où la lune était voilée par un gros nuage, le lieutenant Compérat entendit un bruit étrange, qui paraissait se rapprocher de son poste. Après avoir prévenu ses hommes à voix basse, il prête l'oreille et essaie de voir, mais l'obscurité est trop profonde.

Tout à coup, les grelots des féticheurs se font entendre, et l'ennemi se dresse en masse à dix pas des remparts.

Le premier feu de salve, commençant cette lutte héroïque, est aussitôt commandé d'une voix vibrante et exécuté avec le plus grand calme par les Gabonais ; en même temps, le canon de 4 rayé envoyait une volée de mitraille.

Déjà, le commandant Terrillon était debout, se préparant à aller visiter les avant-postes. Il fait de suite, au *Sané,* le signal de combat et la grosse artillerie de ce croiseur, ainsi que ses canons-revolvers, fouillent de leurs projectiles les bois qui se trouvent à l'ouest.

La 4e compagnie (capitaine Pansier) part au pas de course pour soutenir la droite de la ligne ; la 2e compagnie (capitaine Lemoine) se dirige sur l'Agor, où la fusillade vient également d'éclater.

Les Dahoméens étaient venus pour nous attaquer en deux colonnes; mais celle de gauche, comprenant un régiment d'amazones et un millier de guerriers, n'avait pas attendu sa jonction avec celle de droite, qui s'était trouvée retardée par la traversée des bois épais du Télégraphe. Cette dernière avait donc dû entrer en action un peu plus tard, ce qui avait divisé l'attaque de telle sorte qu'au centre de la ligne, en face du capitaine Oudard, il n'y avait personne. Cet officier, entendant à sa droite et à sa gauche une lutte acharnée brûlait d'impatience d'intervenir, mais il avait reçu ordre d'attendre le lever du jour pour prendre part à l'affaire.

A droite, l'attaque est terrible ; l'ennemi, après avoir

tourné le bastion, l'entoure de tous côtés ; guerriers et amazones s'élancent sur les remparts, écartent les palanques et, à travers les interstices, engagent les canons de leurs fusils pour tirer plus sûrement. Quelques-uns se hissent sur le sommet de l'obstacle, où ils sont tués à coups de baïonnette ; leurs corps sanglants retombent à l'intérieur de l'ouvrage.

Le lieutenant Compérat, quoique blessé dès le début de trois balles, dont une lui brise l'omoplate, est sublime de calme et de froide énergie, et, lorsque le sergent Claverie, qui est aussi atteint de deux balles, vient rendre compte de sa blessure, il lui répond avec héroïsme : « Restez à votre poste, moi aussi je suis blessé et je ne dis rien. » Le brave sous-officier ne se le fit pas répéter, et la lutte continua avec plus d'acharnement. Mais déjà nous avons 3 hommes tués et 8 blessés, et l'on se demande avec anxiété si, devant ces masses acharnées et sans cesse grossissantes, ce petit groupe soutiendra le choc jusqu'à l'arrivée des renforts que le commandant Terrillon vient d'expédier à la hâte.

Heureusement que l'attitude des chefs a enflammé le cœur des soldats ; un nouvel effort fait reculer les Dahoméens, et bientôt nos braves Gabonais peuvent apercevoir, à travers la demi-obscurité du jour naissant, les chéchias des Sénégalais de la 1re section de la 4e compagnie, sous les ordres du lieutenant Lagaspie, qui arrivent au pas de course, baïonnette au canon.

Une lutte à l'arme blanche s'engage entre cette section et l'ennemi, qui entoure le poste ; le sang ruisselle, les cadavres s'entassent sur les cadavres et les amazones viennent avec rage se transpercer d'elles-mêmes sur le fer de nos baïonnettes.

Pendant quatre heures, l'armée dahoméenne renouvelle ainsi ses attaques infructueuses. Elles ne cessent que quand le soleil, écartant l'obscur rideau qui couvrait la terre, permet à la section Oudard de couvrir l'adversaire de feux obliques de mousqueterie et de mitraille vomie par ses deux pièces de 4. L'arrivée de la compagnie Pansier acheva la déroute.

Sur la gauche, les affaires marchaient moins bien; elles furent même un instant compromises par suite de l'abandon de l'Agor.

Le sergent qui commandait ce poste, se voyant entouré, oublie les ordres donnés et, au lieu de résister à outrance sur place, songe à se replier sur les réserves. Heureusement qu'au moment où ce mouvement de retraite commençait la compagnie du capitaine Lemoine entrait en ligne. Les Dahoméens, croyant déjà tenir le succès, s'étaient élancés en masse sur la position; mais, arrivés à dix pas, ils sont reçus par un feu rapide de nos tirailleurs, qui fauche leurs rangs comme les blés.

Malgré l'obscurité qui règne, ils se sont tellement rapprochés des nôtres qu'on peut parfaitement les voir s'arrêter soudain, au moment du passage de l'ouragan de plomb.

Lemoine, saisissant à propos ce moment d'hésitation, lance sa compagnie en avant, les gradés en tête et une mêlée horrible, sanglante, s'engage à la baïonnette. Les Dahoméens reculent ; quelques-uns se couchent afin de laisser passer le flot humain qui les pousse l'arme dans les reins, puis ils se relèvent pour nous fusiller par derrière.

Rien ne peut arrêter l'élan des nôtres ; ils poussent tout devant eux, dépassent l'Agor et vont s'établir face au nord-ouest. Ils y sont à peine qu'ils reçoivent une vive fusillade par derrière ; l'une des sections de la compagnie fait demi-tour et, profitant des premières clartés de l'aube, répond par un feu violent ; elle s'élance ensuite baïonnette basse et tue tous ses agresseurs, à l'exception d'un petit nombre, qui se réfugie dans les cases du village, mais qui est ensuite pris et passé par les armes.

A 6 h. 15 du matin, les Dahoméens prononcent un

nouveau retour offensif vigoureux ; nos tirailleurs les attendent l'arme au pied, et, dès qu'ils ne sont plus qu'à 200 mètres, ils ouvrent un feu rapide qui suffit pour jeter la confusion et la mort dans les rangs adverses.

Dés le début de l'action, quelques groupes avaient cherché à tourner le Télégraphe, mais ils furent arrêtés dans leur entreprise par des feux bien ajustés partant du premier étage.

Vers 7 heures, l'armée de Béhanzin, furieuse de n'avoir pu jeter ce petit nombre d'hommes à la mer, se reforme de tous côtés et essaie, à différentes reprises, de se rapprocher de nos lignes; mais les obus du *Sané* et ceux d'une batterie de trois pièces de 4 rayées de montagne, établie par le capitaine Septans au centre de la position, en ont facilement raison.

A 9 h. 1/2, l'ennnemi disparaissait définitivement, laissant 127 morts, dont 7 amazones, dans l'intérieur de nos lignes. Mais là ne se bornaient point ses pertes; la plaine et les bois voisins étaient recouverts de cadavres; on en rencontrait à chaque pas, les jours suivants, pendant les travaux de débroussaillement. Les rapports des espions estimaient le nombre des morts à 250, dont la colonelle des amazones, l'apologan d'Allada, et au moins 400 blessés.

De notre côté, nous avions 8 tués, dont 2 artilleurs, 1 maréchal des logis et 1 canonnier, qui avaient été frappés sur leurs pièces, et 26 blessés plus ou moins grièvement.

Pendant la lutte, une amazone fut tuée sur le corps du caporal indigène Ahmadou-Samba, à qui elle venait de trancher la tête.

Les abords du fort, au pied duquel étaient amoncelés des tas de cadavres, témoignaient d'ailleurs de la rage avec laquelle on avait combattu des deux côtés.

Il faut avoir assisté à ce combat, soutenu, au milieu des ténèbres, contre des ennemis nombreux et vigoureux, dit le colonel Terrillon lui-même, pour apprécier l'énergie déployée par ce petit noyau d'hommes, dont le moral fut à la hauteur de la situation critique qu'il a traversée depuis le commencement de la lutte jusqu'aux premières lueurs du jour.

Comme trophée du succès, nos indigènes portèrent au roi de Porto-Novo, Toffa, cinq têtes de Dahoméens fraîchement coupées; mais ce fantoche trouva le présent trop mince et envoya aussitôt quinze de ses hommes sur le théâtre de l'action avec ordre de lui rapporter quinze nouvelles têtes, ce qui fut fait. Des cadavres gisant à chaque pas, ils n'eurent d'ailleurs que l'embarras du choix.

Dans la soirée, les compagnies complétèrent leurs munitions à 120 cartouches par homme, les fortifications des postes furent renforcées et on rendit les derniers honneurs aux braves tombés en combattant.

Le lendemain, on réunit les cadavres que l'on trouva dans les environs et, après les avoir déposés dans de grandes fosses, on les arrosa de goudron pour les incinérer, puis les restes furent recouverts de terre.

Ces mesures de précaution étaient excellentes au point de vue sanitaire, mais elles étaient insuffisantes, car la plaine et les bois voisins étaient jonchés de morts qui répandaient une odeur infecte, quelques jours après, quand la brise de terre soufflait. Heureusement que les vautours et les fourmis termites se chargèrent assez rapidement de faire disparaître les cadavres qui n'avaient pu avoir de sépulture.

Dès que les premiers coups de feu se firent entendre, les auxiliaires, qui avaient été desarmés dans la journée du 3 mars, et que l'on conservait comme porteurs, s'enfuirent dans toutes les directions, affolés par la peur. Il fallut, par la suite, réquisitionner les noirs des factoreries pour les travaux de débroussaillement et de défense. Le désarmement de ces guerriers avait donc été une mesure de prudence des plus heureuses.

Ordre du jour.

Au Sénégal, on suivait avec anxiété les péripéties de la utte engagée sur la Côte des Esclaves et plus d'un maudissait le sort qui le retenait attaché à la colonie.

Le colonel Dodds ne négligeait aucune occasion non plus de rehausser les mérites du corps expéditionnaire aux yeux des troupes restées sous son commandement direct. Chaque fois qu'un nouveau succès lui parvenait, il prenait un soin particulier à le porter à la connaissance de ses subordonnés, tout en envoyant aux combattants des éloges dont ils appréciaient le prix.

Les victoires des 2 et 4 mars furent annoncées en ces termes :

« Deux nouveaux succès ont été remportés par la colonne de M. le commandant Terrillon.

» Le 2 mars, dans une reconnaissance exécutée vers Zobbo, à 6 kilomètres au nord de Kotonou, elle trouvait ce village fortement occupé par des réguliers dahoméens et s'en emparait après un combat vif et long, qui nous coûtait 2 tués et 2 blessés, tous des auxiliaires indigènes, et à l'ennemi plus de 100 morts.

» Le 4 mars, à 4 heures du matin, l'armée entière du Dahomey attaquait à son tour Kotonou, qu'elle espérait surprendre. Pendant six heures, nos troupes soutinrent vigoureusement tous ses efforts. L'ennemi, montrant un acharnemement inoui, venait se faire tuer jusque sur le parapet du fort, dont les travaux n'étaient pas encore terminés.

» Enfin, épuisé, il se retire vers 10 heures, laissant plus de 400 cadavres, parmi lesquels ceux des principaux chefs des amazones et des guerriers. Ce brillant fait d'armes nous coûte 6 morts : le maréchal des logis d'artillerie Moreau, l'artificier Gallois, 4 tirailleurs sénégalais, et 23 blessés : le lieutenant Compérat, des tirailleurs gabonais, 3 soldats européens, 17 tirailleurs sénégalais et 2 gabonais.

» L'ennemi, qui connait la valeur de nos troupes et de leur armement, semble vouloir renoncer à l'offensive. Le roi s'est retiré dans les marais de Lama avec ses amazones, en laissant le reste de l'armée à Godomey, qu'il fortifie. »

Saint-Louis, le 14 mars 1890.

« *Le Colonel commandant supérieur des troupes*
« Signé : Doods »

Travaux de défense.

En attendant l'arrivée de nouveaux renforts, le commandant Terrillon, jugeant que, avec les effectifs réduits dont il pouvait disposer, le front à défendre était trop étendu, fit incendier la partie du village épargnée le 21 février, en même temps qu'il fortifiait la ligne factoreries-Télégraphe.

Le 5 mars, avant la tombée de la nuit, les troupes se retirèrent sur leurs nouvelles positions; une batterie de trois pièces fut établie sur les bords de la lagune pour flanquer tout le front, et à chaque fraction fut assigné un poste de combat qui devait être occupé dès 6 heures du soir.

A partir de ce jour, jusqu'à l'arrivée des premiers renforts, commence, pour les 220 hommes qui constituaient la garnison de Kotonou, une vie des plus pénibles: travaux de 5 à 10 heures du matin, et de 2 heures à 5 heures du soir ; la nuit, le tiers de l'effectif était toujours prêt à faire feu.

Du 8 au 15 mars, les travaux de défense peuvent être continués sans inquiétude; le bois du Télégraphe est fortement entamé et le bosquet qui couvre la plaine disparait. Le fort Moreau, dont le nom fut destiné à rappeler celui du brave sous-officier tué à son poste de combat, est construit puis relié à la factorerie Régis par une ligne palissadée. Un autre ouvrage, armé d'une pièce, est élevé de manière à surveiller la plage, qui est complètement défilée de la vue de nos troupes à marée basse.

CROQUIS DE KOTONOU

Du 5 mars au 20 avril

d'après les travaux des officiers du corps expéditionnaire du Dahomey.

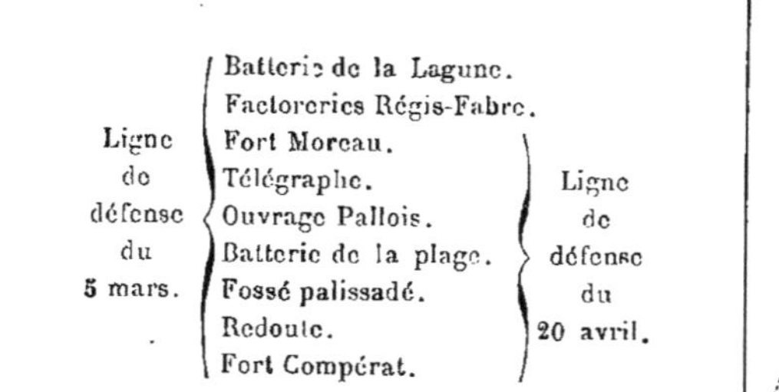

Ligne de défense du 5 mars.	Batterie de la Lagune.	
	Factoreries Régis-Fabre.	
	Fort Moreau.	Ligne de défense du 20 avril.
	Télégraphe.	
	Ouvrage Pallois.	
	Batterie de la plage.	
	Fossé palissadé.	
	Redoute.	
	Fort Compérat.	

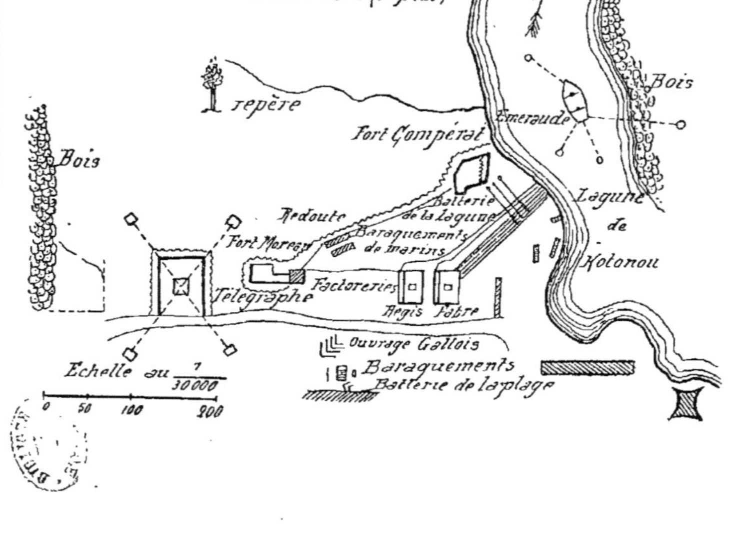

Plusieurs lignes d'abatis de transport et de réseaux de fils de fer sont organisées en avant du front; des débris de verre sont accumulés aux points dangereux et des fougasses sont installées en plusieurs endroits. Bref, toutes les mesures sont prises pour assurer le plus de sécurité possible aux défenseurs.

Porto-Novo est menacé.

Des renseignements apportés à Kotonou, dans la matinée du 6, apprennent au commandement que Porto-Novo serait sérieusement menacé par une marche en avant de 2,000 Dahoméens, campés à Badao.

Il est donc nécessaire d'envoyer des secours immédiats de ce côté, et, à cet effet, la 10e compagnie, dont le capitaine, M. Arnoux, se trouvait déjà à Porto-Novo pour l'exécution d'un ouvrage de fortification bâti au nord de la ville, recevait l'ordre de rejoindre son chef.

Bombardement d'Abomey-Calavi.

Le même jour, la chaloupe l'*Emeraude* va mouiller devant Abomey-Calavi et le bombarde. Elle rentre dans la soière, mais elle y retourne le 13 pour exécuter un nouveau bombardement.

Le but de ces opérations était de retarder et de désorganiser la marche de l'ennemi, dont les espions avaient signalé la présence sur la ligne Godomey-Abomey-Calavi, et celle du roi escorté de ses amazones à Allada.

Dans la soirée du 6, le commandant Terrillon apprenait qu'il serait sans doute attaqué cette nuit même. Il en avertit le commandant du *Sané*, qui, vers 3 heures du matin, fit ouvrir un feu violent et jeter une pluie d'obus sur les bois situés à l'est de Kotonou. Cette canonnade suffit pour arrêter le mouvement en avant que les Dahoméens avaient déjà commencé.

La question du Dahomey au Parlement.

Les combats précédents avaient quelque peu ému les membres du Parlement. Le 9 mars, M. Deloncle posait à M. Etienne, à la Chambre des députés, une question relative aux événements du Dahomey. Le Sous-Secrétaire d'Etat aux colonies répondit que le gouvernement ne faisait que prendre des mesures propres à faire respecter les traités et protéger nos nationaux.

Le lendemain, M. Etienne télégraphiait au lieutenant-gouverneur qu'il pensait que les forces réunies au Bénin, jointes à celles qui allaient être envoyées du Sénégal et auxquelles pourraient s'ajouter, en cas de besoin, 100 disciplinaires des colonies, permettraient d'agir vigoureusement contre le Dahomey, de manière à amener le roi à composition sans qu'il fût besoin de s'avancer dans l'intérieur.

« Nous pourrions nous contenter, poursuivait-il, d'occuper Whydah, de faire le blocus de la côte jusqu'à la signature d'un traité de paix reconnaissant nos droits sur le territoire de Kotonou et le protectorat de Porto-Novo, et contenant une clause par laquelle le roi renoncerait formellement aux sacrifices humains. »

Le Sous-Secrétaire d'Etat insistait pour que M. Bayol prît l'avis du commandant Terrillon et celui du capitaine de vaisseau Fournier, et il terminait en recommandant d'éviter tout entraînement pouvant amener une expédition sérieuse, qui serait difficilement acceptée par le Parlement et par l'opinion publique.

M. Bayol répondit au Sous-Secrétaire d'Etat aux colonies qu'avec les renforts attendus on pouvait forcer le Dahomey à traiter; que, sans s'avancer dans l'intérieur, il était possible d'occuper Whydah et d'isoler le Dahomey par le blocus; que le commandant Terrillon admettait cette solution, mais croyait qu'il était préférable de détruire Abomey, afin de ruiner définitivement le prestige de Behanzin.

Le 13 mars, nouvelle dépêche de l'administration des colonies, disant que le conseil des ministres s'était formellement prononcé contre une marche sur Abomey et contre toute autre opération engageant une expédition : « Tenez-vous, disait-elle à M. Bayol, strictement au programme précédemment indiqué : occupation de Whydah et conclusion aussi prompte que possible d'un traité confirmant nos droits antérieurs, avec indemnités pour nos nationaux et pour les étrangers qui auraient subi des préjudices par suite des hostilités. »

Deux jours après, le cabinet Tirard tombait; la présidence du nouveau conseil était confiée à M. de Freycinet. M. Barbey conservait le portefeuille de la marine et M. Etienne restait sous-secrétaire d'Etat aux colonies.

C'est sur ces entrefaites que les premiers renforts arrivèrent.

Arrivée des renforts.

L'aviso l'*Ardent*, venant du Sénégal, commandé par M. Lallemand, mouille en rade de Kotonou, le 16 mars, à 10 heures du matin, ayant à bord un détachement de la 29e compagnie d'infanterie de marine, comprenant :

1 capitaine, M. Tourai;

1 lieutenant, M. Tassard;

100 hommes de troupe.

Ce détachement est mis à terre le jour même dans l'après-midi.

Le 20, le *Brandon*, aviso commandé par M. de Trobriand, arrive aussi du Sénégal avec des renforts. Malheureusement, l'état de la barre est tel qu'il ne peut débarquer son personnel et son matériel que le 22. Un accident survient pendant les opérations : une pirogue chavire et 700 projectiles d'artillerie, dont 400 pour canons-revolvers, sont perdus.

Alerte à Porto-Novo.

Dans la journée du 17, des nouvelles reçues de Porto-Novo montrent comme imminente une attaque de cette place ; en conséquence, le commandant Terrillon y envoie le capitaine Lemoine avec sa compagnie de tirailleurs (la 2e) ; elle y arrive dans la soirée.

Il apprend, en débarquant, que le mouvement de troupes qui s'était dessiné dans les environs avait subitement cessé et qu'une partie des forces dahoméennes s'était retirée sur Allada. Il en fait part au commandant, qui le rappelle à Kotonou, où il arrive le 19 au soir.

Reconnaissances sur Godomey.

Dès qu'il fut en possession de nouveaux renforts, le commandant du corps expéditionnaire prit les mesures propres à donner de l'air au chef-lieu, tout en recueillant des indications sur le terrain et sur la position de l'ennemi.

A cet effet, il décida que des reconnaissances seraient faites sur Godomey-Plage et Godomey-Ville.

Toujours le premier à la peine et le dernier au repos, il tenait à diriger ces opérations en personne.

La première colonne quitte Kotonou le 21 mars, à 4 h. 45 du matin. Elle comprend :

La 4e compagnie de tirailleurs sénégalais (capitaine Pansier) ;

La compagnie de tirailleurs gabonais (capitaine Oudard) ;

Une section de la 2e compagnie de tirailleurs sénégalais (lieutenant Huillard) ;

75 hommes de la 29e compagnie du 2e régiment (capitaine Tourai) ;

3 pièces de 4 rayées de montagne (capitaine Septans) ;

Ambulance (docteur Dodart) ;

Convoi d'eau (administrateur d'Albéca).

L'aviso l'*Ardent* est chargé d'escorter la colonne qui a pour mission de suivre le bord de l'eau.

L'aube n'a pas encore paru quand on se met en marche; on se dirige à travers des sentiers étroits et tortueux qui, tantôt se rapprochent du rivage et n'en sont séparés que par 30 à 40 mètres d'une broussaille épaisse, tantôt s'en éloignent de plusieurs centaines de mètres. On franchit ainsi 9 kilomètres; les éclaireurs ont fouillé tous les buissons, tous les ravins, sans apercevoir aucun ennemi.

Il est 7 h. 1/4; le soleil, qui s'est levé peu à peu, est maintenant déjà haut, la chaleur commence à se faire sentir. On a obtenu les renseignements que l'on désirait avoir de ce côté; par conséquent, la reconnaissance peut rentrer.

On fait demi-tour pour marcher par la même route; c'est d'ailleurs la seule praticable que l'on trouve dans ces parages.

Avant l'arrivée des troupes à la grand'halte, l'*Ardent*, qui les avait devancées, avait dû envoyer quelques projectiles de hotchkhiss sur des rassemblements postés en avant de Godomey-Plage. Dès les premiers coups, ces groupes s'étaient dispersés.

Le retour s'effectua sans incident remarquable.

Le 23, une nouvelle reconnaissance est effectuée sur Godomey-Ville. Les troupes qui en font partie sont :

Etat-major : le chef de bataillon Terrillon, le capitaine Septans et le lieutenant Collombier.

Troupes : la 29e compagnie du 2e régiment (capitaine Tourai); la 2e compagnie de tirailleurs sénégalais (capitaine Lemoine); trois escouades de la compagnie de Gabonais (capitaine Oudard); une section de 4 rayée de montagne (lieutenant Ross);

Ambulance (docteur Dodart);

Convoi d'eau (administrateur d'Albéca).

Cette opération a pour but de relever les positions de l'ennemi dans le nord-ouest de Kotonou, sur la route de Godomey-Ville.

Les troupes sont massées, à 5 h. 45 m. du matin, au nord du Télégraphe; l'avant-garde, formée de la 2e compagnie de tirailleurs sénégalais et des Gabonais, se met en marche aussitôt. Le corps principal suit à sa distance.

Les chemins, ou plutôt le chemin est excessivement difficile; on ne peut penser engager les charrois, car ici c'est une fondrière, là un large fossé creusé par le débordement d'un torrent; plus loin, un arbre est tombé et barre la route, ou bien les sapeurs ouvriers d'art sont obligés de frayer un passage à travers la broussaille.

Dans ces conditions, le mieux est de démonter les pièces d'artillerie, de les faire porter à dos d'hommes et de trainer les avant-trains sans affûts.

Cette sortie est appuyée par la chaloupe l'*Emeraude,* qui doit s'embosser devant le village de Zobbo.

La colonne chemine jusqu'à près de 9 heures au milieu des bois, que les flanc-gardes fouillent le plus loin possible. A chaque pas, elle rencontre des cadavres que l'ennemi a abandonnés dans les combats précédents, particulièrement autour des campements dont on retrouve la trace. Elle arrive ainsi à une heure de marche de Godomey-Ville, au point dit « Le Fétiche d'Avrékété », sur les bords d'un marécage desséché, dont la traversée doit être excessivement difficile pendant la saison des pluies. Là, le commandant ordonne la grand'halte.

Il y avait quelques instants que les troupes étaient arrêtées quand soudain un coup de feu partit des avant-postes. On saute sur les faisceaux, on se prépare au combat, mais plus rien... Renseignements pris, c'est un Dahoméen qui s'est approché de nos sentinelles et celles-ci ont tiré, sans l'atteindre toutefois. On en rit et l'on se remet au repos pour manger.

Vers 10 heures, le ciel se couvre de gros nuages noirs,

quelques gouttes de pluie tombent et le vent s'élève. Au même moment, on entend un bruit sourd dans la direction de Kotonou. Chacun prête l'oreille attentivement... Pas de doute : l'ennemi, profitant de notre absence, a dû aller attaquer Kotonou en masses considérables ; c'est bien le grondement du canon qui se fait entendre. Il faut donc se hâter de retourner sur ses pas.

Le capitaine Pansier commande la place en l'absence du commandant Terrillon. Celui-ci sait que c'est un brave officier sur lequel il peut compter, mais ses ressources en hommes et en artillerie sont minimes ; aussi cette situation ne manque-t-elle pas d'inquiétude.

La colonne a à peine fait demi-tour qu'une tornade se déchaîne. Le vent souffle avec violence et par rafales si fortes qu'il brise les arbres de la forêt ; les éclairs sillonnent l'espace, le tonnerre, que l'on entendait tout à l'heure au loin, s'est rapproché et enveloppe maintenant la petite expédition avec des grondements qui se répercutent dans les bois. L'eau tombe à torrents et défonce le chemin déjà en mauvais état. Pas une plainte, pas un soupir ne s'échappe, ni chez les petits marsouins, toujours crânes d'allure, ni chez les tirailleurs, toujours dévoués aux ordres et durs à la fatigue.

Cependant, la préoccupation se lit sur les visages : que se passe-t-il à Kotonou ? Mais cette préoccupation même est un stimulant, et l'on accélère la marche à cause des camarades, qui, là-bas, sont peut-être dans une position critique.

L'orage remplit la scène : on n'entend plus d'autre bruit que le roulement du tonnerre et le sifflement plaintif du vent à travers les arbres de la forêt.

Enfin, on se rapproche ; mais, à mesure que l'on s'avance, le calme semble renaître. A Kotonou, tout est silencieux. Que s'est-il passé ? Rien. Les grondements que l'on percevait étaient ceux de la tempête qui débutait sur ce point pour suivre la direction des bois.

Néanmoins, cette reconnaissance ne fut pas inutile : elle permit de constater l'absence de l'ennemi dans un rayon de 8 kilomètres au moins.

Nouvelle reconnaissance sur Godomey.

D'après les renseignements fournis par le résident de France, l'ennemi se serait rapproché de nos positions et occuperait fortement la ligne Avantari-Zobbo-Godomey-Ville-Godomey-Plage.

Une reconnaissance est ordonnée en conséquence, sur ce dernier point, pour le 25 mars au matin. Le croiseur *Kerguelen* (capitaine de frégate de la Jonchère) doit l'appuyer en se tenant à environ un mille en mer.

La colonne comprend :

Etat-major : le chef de bataillon Terrillon, le capitaine Septans et le lieutenant Collombier ;

Troupes : la 2e compagnie de tirailleurs sénégalais (capitaine Lemoine);

Un peloton de la 4e compagnie du même corps (capitaine Pansier) ;

Trois sections de la 29e compagnie du 2e régiment (capitaine Tourai) ;

Une section de 80 mm (lieutenant Roos) ;

Ambulance (docteur Dodart) ;

Convoi d'eau (administrateur d'Albéca).

En l'absence du chef de bataillon, le commandement de la place est confié au capitaine Oudart.

Le départ a lieu à 5 h. 1/2 ; la marche s'effectue lentement, à cause des affûts de 80mm de montagne qui ne roulent, dans le sable, qu'avec de grandes difficultés, bien que l'on ait pris la précaution de démonter les canons pour les faire porter. La route suivie longe tout le temps la mer.

L'avant-garde, formée par le premier peloton de la 2e compagnie (lieutenant Huillard), arrive à Godomey-Plage vers 9 h. 45 m. Elle chasse devant elle quelques Dahoméens qui occupaient les factoreries Régis et Fabre ; l'un d'eux est fait prisonnier. Interrogé, il ne peut donner que des renseignements très vagues sur l'effectif des troupes occupant Godomey.

Dès que le gros de la colonne est arrivé, il est installé dans les deux factoreries, couvert par les avant-postes, dont les deux pièces commandent la route de Godomey-Ville.

Après un repos de deux heures, qui permet aux hommes de prendre leur repas du matin, le commandant décide qu'il ira reconnaître le chemin qui relie la plage à la ville. Mais, comme le trajet est rendu difficile par les couches de sable accumulées de distance en distance, l'artillerie, ainsi qu'une grande partie de l'infanterie de marine, est laissée au campement, sous le commandement du capitaine Tourai.

A 1 h. 40 m., les fractions qui doivent marcher sont mises en route, guidées par M. Piétri, employé de la maison Régis. Le terrain que l'on traverse, non seulement est sablonneux, mais il est recouvert d'une succession de clairières marécageuses et de taillis fourrés sous futaie.

Arrivés à un kilomètre environ au nord de Godomey-Plage, les éclaireurs constatent la présence d'un campement ennemi que l'on peut évaluer, d'après le nombre et la dimension des gourbis, à 300 ou 400 hommes. Dès qu'il s'est rendu compte par lui-même, le commandant fait reprendre la marche, lentement et avec prudence.

Vers 2 heures, au moment où le gros du détachement, après avoir traversé une clairière, s'engage sous bois, une vive fusillade part d'un fourré épais situé sur la droite. Se conformant aux instructions qu'ils avaient reçues, nos hommes tombent aussitôt à genou et ripostent. Après quelques minutes d'un tir rapide, la colonne entière se replie dans la clairière, où l'arrière-garde a déjà pris position, couvrant de feux de salve le point occupé par l'ennemi.

L'avant-garde (section Tiffon de la 2e compagnie), qui était passée sans être attaquée, se forme, dès les premiers coups de fusil, en arrière d'une légère éminence de terrain découvert, et tient tête à un fort parti ennemi qui s'était porté contre elle ; après l'avoir repoussé, elle fut renforcée par la section Huillard, et toutes deux couvrirent de projectiles le gros de l'armée dahoméenne, embusqué dans les bois voisins. Le corps principal en profita pour former le carré et échelonner ses feux sur la partie de la forêt que l'ennemi en fuite devait traverser.

Après une demi-heure d'attente, l'adversaire n'ayant fait aucun retour offensif, les troupes se replièrent sur Godomey-Plage, où aucun bruit n'avait été entendu. Dès qu'elles y furent rendues, l'artillerie lança quelques obus dans la direction de la ville et, à 4 heures du soir, on reprenait la route de Kotonou.

Ce court engagement nous coûtait : 2 officiers blessés grièvement (MM. Tiffon et Birama-Ndam), 3 tués et 9 blessés, dont 2 devaient mourir des suites de leurs blessures. Le commandant Terrillon et le lieutenant Collombier avaient eu leurs chevaux blessés sous eux.

Les pertes ennemies s'élevaient à 72 hommes.

Au moyen des renseignements recueillis par les déserteurs, on apprenait que nous avions eu affaire à un millier de guerriers dahoméens appartenant au corps appelé « Chasseurs du Dahomey », excellente troupe d'éclaireurs placée sous les ordres du chef du Décamey (1).

Le retour à Kotonou s'effectua dans des conditions excessivement pénibles, particulièrement pour les hommes

(1) Le Décamey comprend la réunion des villages de Dogla, Zougué, Mitro, Yokou, Bada, Azouicé, situés entre 20 et 40 kilomètres au nord de la ville de Porto-Novo.

de l'artillerie et de l'infanterie de marine. Comme à l'aller, les affûts des canons de 80 millimètres retardèrent beaucoup la marche, de sorte que les troupes n'arrivèrent dans leurs cantonnements qu'à 10 heures du soir. Heureusement que cette marche fut favorisée par la clarté de la lune, qui permit d'éviter toute surprise.

Il restait acquis de cette reconnaissance que l'ennemi avait réuni des forces sérieuses aux environs d'Allada, et qu'elles étaient prêtes à se porter sur notre flanc, par la route d'Allada-Avrékété, si nous tentions une démonstration sur Whydah.

Les troupes que nous avions à combattre à Godomey-Ville n'étaient que les avant-postes de ces forces.

Projet de marche sur Whydah.

Pendant que nos troupes refoulaient victorieusement les bandes dahoméennes au delà du Décamey, les craintes des Européens restés à Whydah ne faisaient qu'augmenter.

Le consul allemand lui-même, M. Randad, engageait vivement le lieutenant-gouverneur à faire occuper militairement, et tout de suite, le fort de Whydah.

Le commandant Terrillon ne se faisait point d'illusions sur les difficultés d'une pareille opération, mais il avait confiance en ses troupes; les indigènes (tirailleurs sénégalais et gabonais), fiers des succès qu'ils venaient de remporter après des marches pénibles, avaient tout particulièment le moral exalté et ne demandaient qu'à marcher.

Dans ces conditions, Kotonou fortifié, bien armé et défendu par une forte garnison, défiait toute attaque pendant qu'une partie du corps expéditionnaire se porterait sur Porto-Novo pour l'exécution du plan projeté. La garnison de Kotonou devait être soutenue, d'ailleurs, par les croiseurs le *Kerguelen* et le *Sané*, qui pouvaient couvrir de leurs projectiles les environs de la place jusqu'à 4 et 5 kilomètres.

Pour faciliter l'opération, il fut résolu que l'on ferait une forte diversion sur l'Ouémé, au nord de Porto-Novo, afin d'essayer d'attirer de ce côté une partie des contingents dahoméens.

Comme on savait que, grâce à leur superstition, ils ne passent jamais l'eau pour aller combattre, on pensait qu'il serait possible de les gagner de vitesse, pour n'avoir affaire qu'à une partie d'entre eux lorsqu'on marcherait sur Whydah.

Le 26 mars, après avoir assuré le service, l'état-major embarquait sur des pirogues, à destination de Porto-Novo, avec :

Un peloton de la 2e compagnie de tirailleurs (lieutenant Huillard);

La 4e compagnie de tirailleurs (capitaine Pansier);

40 Gabonais (capitaine Oudard);

Une section de 4 de montagne (lieutenant Roos);

L'ambulance (docteur Dodart);

Le convoi (administrateur d'Albéca).

Ce renfort, parti à 4 h. 1/2 du matin, arriva à Porto-Novo vers 3 heures du soir.

Les hommes furent aussitôt répartis dans les cantonnements préparés à l'avance.

En l'absence du commandant Terrillon, le commandement de Kotonou fut confié au capitaine Tourai.

Combat de Décamey.

Pour mettre son projet de diversion à exécution, le commandant Terrillon se décide à aller, sans retard, attaquer l'ennemi retranché dans les villages du Décamey, et, dès son arrivée à Porto-Novo, après avoir étudié le terrain en avant et s'être renseigné, il donne des ordres pour partir le 27 mars dans l'après-midi.

La colonne expéditionnaire doit comprendre, outre l'état-

COMBAT DE DÉCAMEY

28 mars 1890.

CROQUIS DE MÉMOIRE

d'après les travaux des officiers du corps expéditionnaire du Dahomey.

NOTA. — Les sections horizontales n'ont pas été déterminées régulièrement ; elles donnent simplement une idée du terrain.

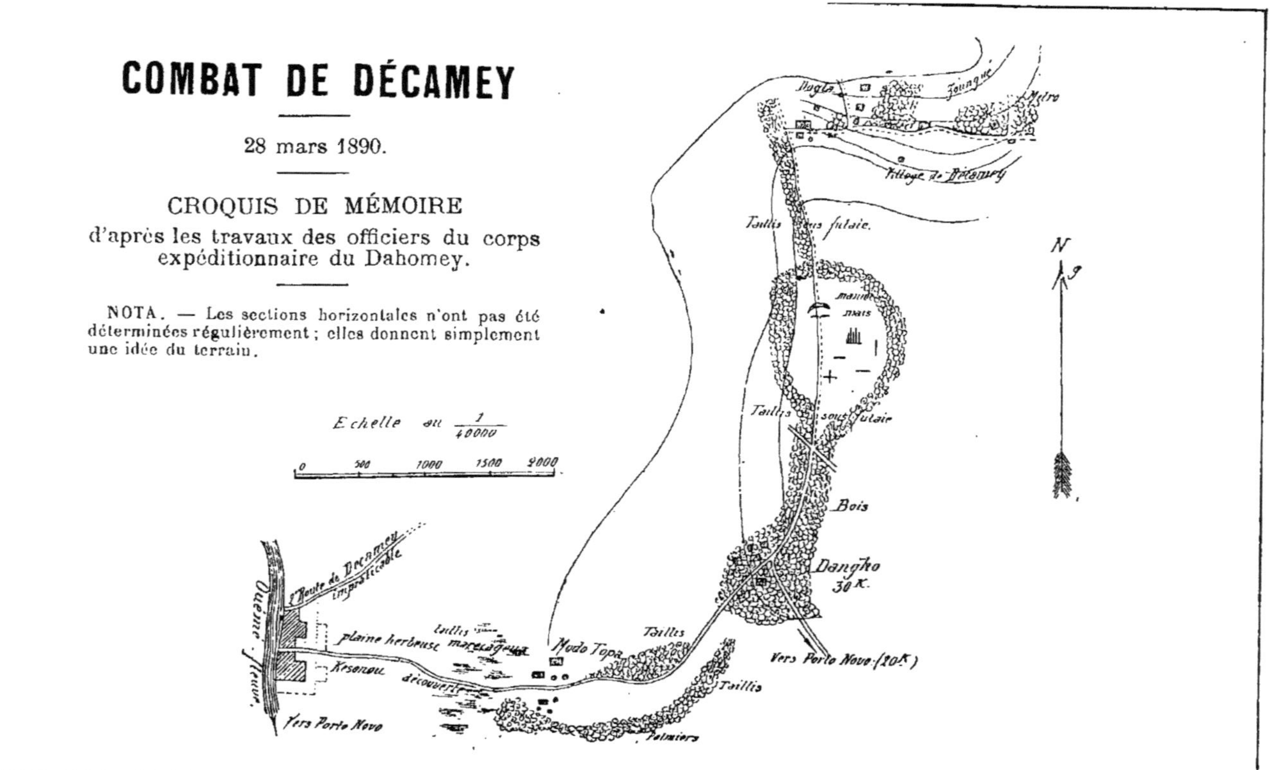

major du commandant (capitaine Septans et lieutenant Collombier) :

Le peloton de la 2e compagnie de tirailleurs sénégalais (lieutenant Huillard);

Les 4e et 10e compagnies du même corps (capitaines Pansier et Arnoux);

40 tirailleurs gabonais (capitaine Oudard);

Une section de 4 rayée de montagne (lieutenant Roos);

L'ambulance (docteur Dodart);

Le convoi (administrateur d'Albéca).

La garde de Porto-Novo est assurée par 40 tirailleurs de la 10e compagnie, par les malingres des autres fractions, 8 artilleurs et 2 pièces de 4 rayées de montagne. Cette force est suffisante, puisque les troupes doivent opérer en avant de la place et la protéger d'une façon tout à fait efficace.

A 3 heures de l'après-midi, la petite expédition, massée sur le côté de la résidence, embarque sur des pirogues remorquées par la chaloupe l'*Emeraude*.

Elle se dirige vers l'Ouémé par les canaux du Toché, du Ouandy et du Zumé. A 8 h. 40 du soir, elle s'arrête au poste d'Aquépé, occupé par quelques gardes civils. Mise à terre aussitôt, elle bivouaque en carré.

La nuit se passe sans incident. A 4 heures du matin, tout le monde est debout et a même déjà pris place dans les pirogues. Dix minutes plus tard, l'*Emeraude* quitte le mouillage et remonte l'Ouémé. A 6 h. 45, les troupes débarquent à Kesonou et se portent ensuite sur les villages du Décamey.

Le chemin à suivre est des plus difficiles ; c'est encore une succession de clairières et de fourrés marécageux à travers lesquels l'artillerie passe avec une peine inouïe. A 8 h. 15, la tête de colonne est obligée de s'arrêter au delà des marais qu'elle vient de traverser, près du village de Modo-Topa, afin de donner tout le temps à l'artillerie, à l'ambulance et au convoi de serrer. Au bout d'un instant, on se remet en route et l'on arrive à Dangho, où l'on apprend, par le chef du village, que l'on va se trouver bientôt sur les dépendances du Décamey.

La marche s'exécute lentement et avec la plus grande prudence, d'autant plus que le sentier que l'on suit, et qui n'a guère que 1^{m},50 à 2 mètres de largeur, coupe une forêt impénétrable. Impossible de flanquer la colonne ; il faut fouiller les endroits douteux par des feux de salve.

Vers 10 heures, l'avant-garde débouche dans une clairière couverte de champs de manioc ; les deux guides amenés de Porto-Novo signalent la position des villages vers 1,200 ou 1,800 mètres plus au nord. La section de 4 rayée de montagne est mise en batterie et ouvre un feu de quelques minutes sur les emplacements indiqués. La colonne s'engage ensuite sous bois. Rien n'atteste la vie, on serait plutôt tenté de croire, au milieu de ces solitudes sauvages, que jamais le pied de l'homme ne les a franchies.

Cependant, l'avant-garde est parvenue dans un défilé étroit, à pente si escarpée que l'on a dû entamer des gradins pour le gravir. Le sol est argileux et ce raidillon doit être des plus difficiles pendant la saison des pluies. De chaque côté du sentier, des végétaux agrestes croissent tellement entrelacés qu'ils semblent tenir plus entre eux qu'à la terre. Dès qu'on se trouve sur la hauteur, on aperçoit çà et là, à flanc de coteau, des groupes de cases abritées par de magnifiques palmiers qui s'élèvent au milieu de fourrés épais, entrecoupés seulement par des petits sentiers.

La 10e compagnie (capitaine Arnoux), qui marche en avant-garde, descend avec précaution, en sondant chaque broussaille. Elle est accueillie par quelques coups de feu qui, heureusement, ne lui font aucun mal. Redoublant de vigilance, elle traverse successivement tous les villages, puis elle s'arrête. Le gros de la colonne l'a suivie à sa distance réglementaire.

Le commandant Terrillon prend alors le parti de mettre

le feu à toutes les cases, afin de débusquer l'ennemi, qui doit s'y tenir caché. Les troupes se replieront ensuite à mesure que l'ordre sera exécuté.

L'incendie est à peine allumé qu'une vive fusillade part de tous côtés; l'ennemi est partout : sur les arbres, dans les broussailles et dans les maisons, où il a pu se dérober aux recherches des flanqueurs.

Le capitaine Oudard, qui marche à la tête de sa compagnie de Gabonais, s'aperçoit, en traversant Mitro, que l'une des cases offre de la résistance; il y pénètre bravement mais à peine est-il entré qu'une balle vient le frapper dans le ventre ; il meurt presque aussitôt. Cet officier était dans l'infanterie de marine depuis 1885 seulement. Il avait fait les campagnes d'Italie, de 1870 et du Tonkin et venait d'être proposé pour le grade de chef de bataillon en raison de sa belle conduite au Dahomey.

Au même moment, le sous-lieutenant Mousset, de la 4e compagnie de tirailleurs sénégalais, succombait à un coup de chaleur. C'était un officier d'avenir, dont le commandant du corps expéditionnaire faisait le plus grand éloge.

Ce triste événement n'abat point le courage de nos hommes; au contraire, c'est la rage au cœur que, s'élançant contre leurs adversaires, ils les débusquent la baïonnette dans les reins. Les feux de salve de mousqueterie, joints à ceux de l'artillerie, ne tardent pas, d'ailleurs, à jeter la panique dans le camp ennemi; dès lors, c'est une fuite désordonnée qu'aucun chef ne peut arrêter. L'esclave favori du chef de Décamey est blessé pendant l'action et fait prisonnier.

Lorsqu'on sait qu'il ne reste plus aucun Dahoméen dans les villages, la retraite est ordonnée. Les flammes s'élèvent de tous côtés en gerbes immenses et retombent en une pluie d'étincelles. Une fumée âcre et épaisse prend à la gorge des assaillants; avec cela, une chaleur étouffante, que l'incendie augmente encore.

En se retirant, l'arrière-garde, formée de la compagnie Arnoux, active les progrès du feu; de sorte que, le soir, tout ce qui formait les villages de Décamey n'était plus qu'un amas de cendres.

Il est midi quand la colonne atteint Dangho ; elle gagne ensuite Modo-Topa et Késonou, où elle s'installe au bivouac.

Pendant que les hommes prenaient un repos bien gagné, l'infatigable commandant Terrillon, avec son état-major, embarquait à bord de l'*Emeraude* pour aller bombarder les villages de Gléony et de Doncauly, habités par les gens du chef de Décamey, l'un des généraux de l'armée dahoméenne; l'*Emeraude* rentrait ensuite à Késonou.

Vers 5 h. 1/2 du soir, les corps du capitaine Oudard et du lieutenant Mousset, escortés des tirailleurs gabonais, sont dirigés par eau sur Porto-Novo.

Dans cette journée pénible, nos soldats avaient montré une fois de plus leurs brillantes qualités militaires, marchant et combattant pendant neuf heures dans un pays des plus difficiles, au milieu de forêts inextricables et dans des marécages où ils enfonçaient jusqu'à la ceinture.

Le lendemain, à 4 heures du matin, malgré les fatigues de la veille, tout le monde était prêt à embarquer sur l'*Emeraude,* qui appareillait ensuite avec les pirogues à sa remorque. Elle remonta la rive gauche de l'Ouémé, traversa le village de Gobbo, à 1,500 mètres au nord de Dannou, et s'arrêta à 1 kilomètre environ plus en avant.

Les habitants ayant pris une attitude hostile à l'arrivée du navire, la 10e compagnie de tirailleurs et le peloton de la 2e compagnie furent échelonnés au nord et au sud pour les surveiller.

En même temps, la section de 4, protégée par la 4e compagnie, allait prendre position à 1,800 mètres du village d'Azouicé, au nord-est de Gobbo. Ce village servait de refuge à 1,200 guerriers des bandes que nous avions combattues le 28, et ils nous attendaient, parfaitement retranchés der-

BOMBARDEMENT D'AZOUICÉ

29 mars 1890.

D'après les travaux des officiers du corps expéditionnaire du Dahomey.

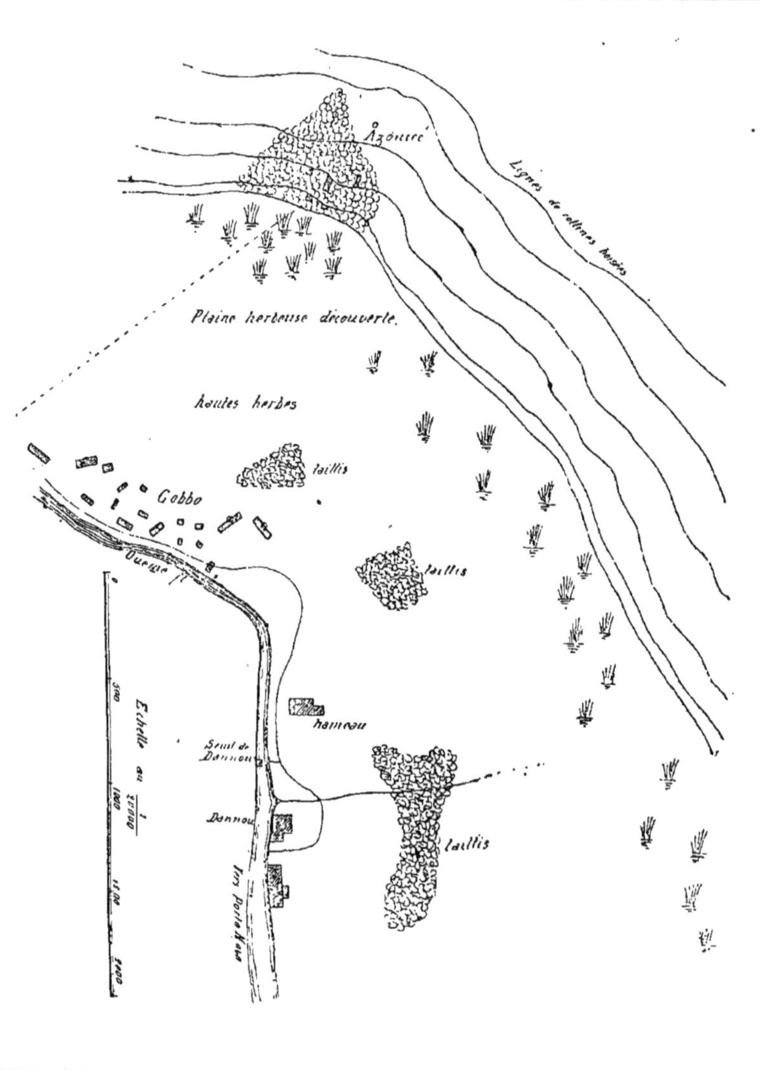

rière un marigot vaseux, aux rives couvertes d'une broussaille très épaisse.

A 9 h. 1/2, l'artillerie ouvre un feu violent sur ces positions. Les projectiles vont jeter la panique et la mort jusque derrière les abris. L'ennemi, épouvanté des ravages ainsi faits dans ses rangs à une si grande distance, fuit dans toutes les directions, affolé, et sans même chercher à se défendre.

Vingt-cinq minutes de bombardement suffirent pour obtenir ce résultat. La petite colonne rallia ensuite Dannou.

A 1 heure de l'après-midi, le bivouac était levé et l'*Emeraude*, remorquant les troupes, se dirigeait sur Porto-Novo.

Chemin faisant, la 10e compagnie (capitaine Arnoux) est jetée à terre pour aller châtier successivement les villages de Doncauly et de Gléony. L'ennemi ne lui oppose qu'une faible résistance. A titre d'exemple, pourtant, ces deux localités sont incendiées.

A 10 heures du soir, le corps expéditionnaire reprenait ses cantonnements de Porto-Novo.

L'expédition que nos soldats venaient d'accomplir si brillamment avait eu pour résultat d'inspirer une terreur salutaire aux habitants des villages du Décamey, de même qu'elle fortifiait la confiance des fidèles du roi Toffa. Aussi, dès le 6 avril, les indigènes de Dogla, Mitro, Zougoué et Ajokou arrivèrent-ils à Porto-Novo pour faire leur soumission. On apprit de leur bouche que les Dahoméens avaient subi de grandes pertes, particulièrement à Azouicé, où plusieurs obus étaient tombés au milieu de groupes de guerriers. Ils ajoutaient que l'armée royale s'était retirée plus au nord.

En les renvoyant, le commandant du corps expéditionnaire les prévenait que la colonne, renforcée par de nouvelles troupes, ne tarderait pas à pousser au delà de Dannou, jusqu'à Fanvié. Telles n'étaient pourtant pas les intentions du moment, puisque l'on se préparait à marcher sur

Whydah; mais il était nécessaire de faire répandre le bruit d'une nouvelle expédition sur l'Ouémé, afin d'attirer les forces dahoméennes de ce côté et de rassurer entièrement nos alliés.

Rappel du commandant. — Préparatifs de marche sur Whydah.

Le 31 mars, le transport *Ville-de-Maranhao* mouillait sur rade de Kotonou avec de nouveaux renforts comprenant :

Une compagnie mixte ;

La 30e compagnie du 2e régiment d'infanterie de marine (lieutenant Grand) ;

75 disciplinaires des colonies.

Le soir même, le commandant Terrillon arrivait de Porto-Novo, avec toutes les troupes disponibles, pour préparer sa marche sur Whydah.

Dans le courrier qui lui fut remis, une dépêche lui annançait sa nomination au grade de lieutenant-colonel ; mais, en même temps, on l'informait que, en raison des difficultés survenues dans la direction des opérations entre le lieutenant gouverneur et lui, on le remplaçait à la tête du corps expéditionnaire par le lieutenant-colonel Klipfel.

Le coup fut pénible pour ce brave soldat, qui, jusqu'alors, avec si peu de monde, avait marché de victoire en victoire. Mais il n'était pas de ceux qui se laissent abattre par l'adversité : patriote et homme de devoir avant tout, il redoubla d'activité dans la préparation des opérations sur Whydah, que son successeur devait entreprendre.

Du 31 mars au 3 avril, les hommes furent employés aux travaux d'installation et de construction d'un nouveau fort, qui reçut la dénomination de Compérat, pour rappeler l'héroïque défense de cet officier dans la nuit du 3 au 4 mars.

Cet ouvrage fut élevé entre le fort Moreau et la lagune ;

un grand redan compléta le système de défense de ce côté.

Ces dispositions devaient permettre d'évacuer complètement les factoreries.

Le 4 avril, un détachement de la 10e compagnie, commandé par le capitaine Arnoux, embarque dans des pirogues remorquées par l'*Emeraude*, pour aller opérer une démonstration sur l'Ouémé. Le but de ce mouvement était de compléter l'effet de l'expédition des 28 et 29 mars, et de répandre le bruit de l'arrivée prochaine de la colonne tout entière.

L'*Emeraude* bombarda ce qui restait des villages du Décamey ; les habitants, effrayés, se décidèrent alors à venir offrir leur soumission au roi Toffa, notre allié.

Les troupes rentrèrent à leur poste pendant la nuit.

L'organisation du convoi, des porteurs, de l'ambulance et de l'artillerie marchait de pair avec celle de la défense. Des réseaux de fils de fer étaient préparés et prêts à être emportés pour protéger les abords du camp et rompre le premier élan de l'ennemi dans une attaque de nuit.

Malgré toutes ces précautions, comme nous l'avons dit, la prise et l'occupation de Whydah constituaient une opération des plus hasardeuses; la saison des grosses vases était arrivée et l'on ne pouvait, par suite, songer à embarquer les troupes pour aller les débarquer devant la ville.

On se trouvait ainsi dans l'obligation de se rendre de Kotonou à Whydah-Plage à pied; mais, dans cette marche de flanc de 36 kilomètres, il fallait s'attendre à recevoir le choc de l'armée royale, forte encore, malgré ses détachements, de 7,000 à 8,000 hommes. Etant données les habitudes des Dahoméens, leur attaque devait, selon toutes probalités, se produire la nuit. Il est vrai que l'on pouvait compter sur le concours dévoué des bâtiments de guerre pour repousser toute tentative d'agression; mais, une fois Whydah-Plage enlevé, il fallait se rendre maître de la ville, à 4 kilomètres plus au nord.

On était encore en droit d'espérer sur l'artillerie de la flotte à cette distance. Toutefois, il ne fallait point se faire d'illusions : la ville devait être enlevée de vive force; l'expérience nous avait démontré que le guerrier dahoméen ne se laisse pas intimider par le canon au point d'abandonner une position sans combat; des mobiles puissants le retiennent d'ailleurs à son poste : ce sont le fanatisme et la terreur du roi.

Par la description du terrain situé entre la plage et la ville de Whydah, que nous avons donnée dans un chapitre précédent, on peut aussi se rendre aisément compte que l'étendue à parcourir était beaucoup plus favorable au mode d'action des Dahoméens qu'au nôtre.

Porto-Novo et Kotonou devaient rester à la garde de 150 disciplinaires ou soldats d'infanterie de marine et 50 tirailleurs, soutenus par huit pièces.

Une fois Whydah pris, le fort français pouvait être remis en état de défense et occupé par deux compagnies, dont une de 110 tirailleurs et l'autre de 140 soldats d'infanterie de marine, et par deux pièces de 4 rayées de montagne; mais sa garnison allait se trouver bloquée dès le premier jour, et son ravitaillement devenait des plus difficiles, même en se servant de la voie de mer, rendue de jour en jour plus problématique par le mauvais état de la barre.

Telles étaient les difficultés auxquelles allait se heurter le corps expéditionnaire, qui, à cette époque, ne comprenait que 400 tirailleurs sénégalais, 295 soldats d'infanterie de marine et 16 artilleurs, avec quatre pièces de 4 rayées de montagne. La situation était loin d'être brillante, et pourtant tout le monde se préparait à la lutte avec ardeur et beaucoup de confiance.

Le lieutenant-colonel, quoique n'étant pas partisan d'une action sur Whydah parce qu'il en avait prévu tous les inconvénients, était heureux, dans son amertume, de constater l'esprit de discipline et d'abnégation qui animait tous les soldats du corps expéditionnaire. Mettant de côté toute question personnelle, il se préparait à marcher sous peu de jours. Il avait d'ailleurs trouvé une solution qui devait, à la rigueur, pallier la faute que l'on avait commise en ne déclarant pas le blocus dès le début des opérations. En cas de non réussite du premier projet, on se serait contenté d'occuper Wydah-Plage seulement, en s'y fortifiant solidement et en ayant recours à l'appui d'un ou deux avisos, qui auraient protégé les abords de la rade. De cette façon, le commerce des neutres était arrêté.

Maintien du colonel. — L'opération contre Whydah est contremandée.

A la date du 5 avril, tout était prêt pour le mouvement en avant lorsque des ordres arrivés de Paris vinrent changer la direction des opérations. Le lieutenant-gouverneur Bayol était rappelé et le lieutenant-colonel Terrillon restait à la tête du corps expéditionnaire.

En même temps, le *Journal officiel* publiait que, « en raison de l'état de trouble existant, le gouvernement de la République, afin d'empêcher l'importation des armes et des munitions au Dahomey, avait décidé de mettre en état de blocus, à dater du 4 avril 1890, la partie de la Côte des Esclaves comprise entre la limite des possessions françaises et allemandes des Popo (6° 14' 45" de latitude nord et 0° 40' 36" de longitude ouest de Paris) et la limite orientale des possessions françaises de Porto-Novo qui, d'après la convention franco-anglaise du 10 août 1889, est constituée sur le littoral par le prolongement du méridien passant par la crique d'Adjarra ».

A la suite de la déclaration de ce blocus, le Ministre de la marine donnait l'ordre au contre-amiral Cavelier de Cuverville, commandant en chef l'escadre de l'Atlantique sud, de se rendre à Kotonou avec la *Naïade*, sur laquelle flottait son pavillon.

Le croiseur le *Roland* et l'aviso la *Mésange* devaient aussi aller rejoindre les autres navires de guerre déjà stationnés devant Kotonou.

La même dépêche prescrivait au contre-amiral d'exercer, à l'aide des bâtiments sous ses ordres, un service de croisières chargés de veiller à ce qu'aucune arme et aucun ravitaillement ne pussent pénétrer dans le royaume du Dahomey.

En même temps, le capitaine de vaisseau Fournier était désigné pour prendre le commandement supérieur de nos établissements de la Côte des Esclaves, en remplacement de M. Bayol, et il était prescrit de surseoir à la marche sur Whydah.

On adoptait donc les idées du lieutenant-colonel Terrillon. Il est vrai que la question maintenant dépendait du ministère de la marine et que, par conséquent, elle se trouvait en mains compétentes.

Dans les instructions que M. Barbey envoyait au commandant Fournier, à la date du 8 avril, il lui disait de prendre toutes les dispositions militaires propres à assurer le blocus effectif, d'occuper solidement Kotonou et Porto-Novo et de repousser vigoureusement toute attaque.

Il l'engageait aussi à ouvrir, dès que possible, soit par lui-même, soit par des auxiliaires rétribués au besoin, des négociations sur les bases suivantes : restitution des Européens prisonniers, maintien de Kotonou comme possession française, transaction relativement aux douanes perçues par nous à Kotonou, qui pouvaient être remplacées par une allocation annuelle au roi du Dahomey.

Ces instructions, approuvées en conseil des ministres, ne reflétaient pas les idées dominantes de la marine, ni celles du Sous-Secrétaire d'Etat aux colonies, qui voulut se retirer dès qu'il vit son plan d'offensive abandonné par la majorité du gouvernement. Il ne resta à son poste que sur les vives instances des autres membres du cabinet, qui lui représentèrent les difficultés que cette solution pouvait leur amener, au début de leur constitution.

Danger de mort du colonel.

Au Dahomey, le lieutenant-colonel Terrillon et le commandant Fournier, arrêtaient, d'un commun accord, les mesures à prendre pour assurer le succès des opérations ultérieures, en répondant aux vues nouvelles du gouvernement. Ils décidèrent d'abord de demander de suite un renfort de 100 à 150 hommes et un supplément de munitions.

Malheureusement, la direction des opérations à terre allait subir une épreuve douloureuse, par suite d'une insolation qui vint frapper le colonel Terrillon dans la journée du 8 avril. L'accès pernicieux, compliqué de méningite, le mit rapidement en danger de mort. Cette nouvelle, qui se répandit comme une traînée de poudre, vint jeter la consternation dans le corps expéditionnaire.

Pourtant, grâce aux soins éclairés et assidus du médecin de 2e classe, docteur Thomas, et à la constitution robuste du colonel, deux jours après tout danger sérieux avait disparu et, à partir de ce moment, une amélioration sensible se produisit, chaque jour, dans l'état du malade.

Reconnaissances diverses.

Cependant, le roi du Dahomey ne semblait pas vouloir renoncer à la lutte ; au contraire, ses contingents étaient signalés en mouvement sur plusieurs points du territoire. Des reconnaissances furent jugées nécessaires pour maintenir le contact.

Dans la matinée du 10 avril, la compagnie gabonaise, réduite à l'effectif de 57 hommes et commandée par le sous-lieutenant indigène Toumané-Aïssa, s'embarquait sur l'*Ariège* pour aller renforcer le poste de Grand-Popo, dans les environs duquel 1,000 à 1,200 Dahoméens étaient signalés.

Suivant les rapports des espions, ils occupaient la lagune située près du point dit *la Bouche du roi* et menaçaient ainsi notre comptoir. Pour faire face à toute éventualité, des munitions et des armes (fusils modèles 1866 et 1874), destinées à armer les Européens, furent envoyées au sous-lieutenant Martineau, qui commandait le poste.

Cinq jours plus tard, l'*Emeraude*, ayant à son bord le chef d'état-major Septans, se rendait dans le Denham pour bombarder Abomey-Calavi et Zobbo, reconstruits et occupés par les avant-postes ennemis.

Le soir même, une lettre du résident de France apportait la nouvelle d'un mouvement en avant des Dahoméens, campés dans la lagune de Badao.

Afin de contrôler ces renseignements, le commandant supérieur décide que l'*Emeraude* partira, dès le lendemain matin, avec un détachement de 100 tirailleurs, remontera l'Ouémé, bombardera la position de Dogla, dont les habitants viennent de faire défection, et se rendra ensuite à Dannou, point extrême de la navigation pendant la saison sèche.

Toutes ces opérations furent accomplies avec une exactitude mathématique. A 5 heures du soir, le même jour, la chaloupe rentrait à Kotonou, rapportant des nouvelles assez graves. Une partie de l'armée dahoméenne marchait sur Porto-Novo, dont la garnison, commandée par le capitaine Arnoux, ne comprenait que 240 tirailleurs, 8 artilleurs et 2 pièces. Comme ouvrage de défense, il n'existait qu'un fort central.

Averti aussi de cette marche en avant, le capitaine Arnoux prit sur lui de retarder l'exécution d'un mouvement qu'il devait opérer sur l'Ouémé.

Pour éviter toute surprise, ordre lui fut donné de veiller avec soin, de pousser activement les travaux de défense et d'exécuter, le surlendemain 18 avril, une reconnaissance au nord de la ville.

Entre temps, il devait préparer tout ce qui était nécessaire à la marche d'une colonne de 350 hommes, 3 pièces de 4, l'ambulance, le convoi et deux jours de vivres.

L'*Emeraude*, avec une incessante activité, faisait la navette entre Kotonou et Porto-Novo pour transporter les troupes et le matériel destinés à l'expédition projetée.

Le 19, à minuit, le résident de France envoie un courrier urgent, dans lequel il montre la situation s'aggravant d'heure en heure devant Porto-Novo. Un poste de vingt gardes civils, établis à 20 kilomètres au nord-est de la ville, avait été attaqué et forcé de se replier avec quelques pertes.

Continuant sa marche en avant, l'armée dahoméenne se trouvait maintenant à 12 kilomètres du village de Bedji, où le roi était venu la rejoindre avec son corps d'amazones.

Par le même courrier, le capitaine Arnoux rendait compte que, à la tête de 210 hommes des 4e et 10e compagnies et 1 pièce de 4, il avait, dans la matinée même, reconnu les positions de l'ennemi, mais qu'elles étaient occupées par des forces tellement nombreuses qu'on ne pouvait penser à les attaquer, avec un si faible détachement, sans s'exposer à un échec certain.

Le doute n'était plus permis : une grande partie de l'armée dahoméenne, sous les ordres du roi, avait quitté Allada et se trouvait devant Porto-Novo. Sa marche avait été longue. Grâce au sentiment superstitieux qui lui défend de traverser les cours d'eau sur des pirogues, elle avait dû remonter l'Ouémé jusqu'au gué d'Oboa, en amont de Fanvié, pour redescendre ensuite sur Porto-Novo. La garnison de cette dernière ville avait bien été successivement renforcée, mais elle ne pouvait plus être dégagée maintenant que par un vigoureux mouvement offensif de toutes nos forces disponibles, défalcation faite, bien entendu, d'un noyau assez important laissé à Kotonou pour garantir la sécurité contre une attaque possible d'une fraction de l'armée royale.

Le 19 avril, malgré son état de faiblesse et contre les avis de son entourage et les remontrances du docteur Thomas, le lieutenant-colonel Terrillon quittait Kotonou, avec le 2e peloton de la 2e compagnie de tirailleurs (capitaine Lemoine), et son état-major, pour se diriger sur Porto-Novo, où il arriva vers 10 heures du matin.

En son absence, le capitaine Tourai fut chargé de la garde et de la défense de Kotonou, avec les 29e et 30e compagnies du 2e régiment d'infanterie de marine, 1 peloton de la 2e compagnie de tirailleurs, 16 artilleurs et 7 pièces de canon de différents modèles; en tout, 284 hommes.

En arrivant à Porto-Novo, le colonel trouve la ville en émoi; les habitants sont loin d'être rassurés : des éclaireurs ennemis sont venus, dans la nuit, jusqu'à 4 kilomètres, razzier et brûler les fermes.

Nous avons donné la description de Porto-Novo dans le premier chapitre de cet ouvrage; il convient d'ajouter qu'au point de vue de la défense, c'est une ville ouverte sur le côté nord, défendue seulement par un fort central armé de 2 pièces de 4 de montagne, en arrière duquel se trouvaient un fossé et un mur en terre que l'incurie des rois, et surtout de Toffa, avait laissé tomber complètement en ruines. Au sud, la ville est adossée à la lagune.

Le périmètre à garder était donc trop vaste pour l'effectif des défenseurs, qui ne comprenait que 400 tirailleurs et disciplinaires et 8 artilleurs avec 5 pièces de 4 de montagne. Toute surprise était à craindre dans une attaque de nuit.

Dans ces conditions, s'enfermer dans Porto-Novo, c'était se condamner à subir le choc des Dahoméens avec désavantage, à voir l'enceinte forcée sur plusieurs points et la ville incendiée.

L'heure des résolutions viriles était arrivée : une journée de plus, et la situation pouvait être compromise gravement.

Heureusement, en jetant les yeux sur sa petite troupe, le colonel se sentait rassuré, car tous les cœurs brûlaient du désir de se mesurer avec l'ennemi. Il ne restait plus qu'à dicter l'ordre de marche pour se porter en avant.

M. Ballot, résident de France, qui, dans toutes les circonstances graves avait montré une fermeté inébranlable et un grand courage personnel, promettait à la colonne, pour l'éclairer et la servir, 300 à 350 guerriers du roi Toffa, armés de fusils à pierre.

Il fut donc décidé que l'action aurait lieu le lendemain 20 avril. Ce fut avec une grande joie qu'officiers et soldats apprirent cette nouvelle, attendue avec impatience; la France allait contempler une fois de plus la vaillance de ses nobles enfants.

Combat d'Atchoupa.

A 5 h. 45 m. du matin, toutes les troupes qui doivent prendre part à l'expédition sont réunies au nord du fort Oudard. Elles comprennent :

Etat-major : le lieutenant-colonel Terrillon, commandant, le capitaine Septans et le lieutenant Collombier.

Troupes : une section de gardes civils en avant-garde; la 10e compagnie de tirailleurs (capitaine Arnoux); un peloton de disciplinaires des colonies (capitaine Pérez); 3 pièces de 4 rayées de montagne (lieutenant Roos); la 4e compagnie de tirailleurs (capitaine Pansier);

La réserve de munitions, portant 160 cartouches par homme et 100 coups par pièce;

L'ambulance (médecin de 2e classe Dodart);

Le convoi, portant deux jours de vivres et d'eau;

Enfin, le peloton de la 2e compagnie de tirailleurs (capitaine Lemoine).

L'effectif total de cette colonne comprend 350 soldats réguliers en comptant les cadres.

Cinquante hommes, malades pour la plupart, étaient restés à la garde du fort Oudard.

Le commandement rencontra de grosses difficultés pour le recrutement des porteurs. On en avait trouvé en quantité d'abord; mais, au dernier moment, cette multitude fut prise de peur et s'enfuit; il fallut réquisitionner les noirs des maisons de commerce.

Cette panique avait été occasionnée par un mouvement en avant de l'armée dahoméenne, qui était venue jusqu'au marché d'Adjagan, à 4 kilomètres de Porto-Novo, où elle avait massacré quelques habitants. Mais elle s'était ensuite retirée sur Bedgi, sans oser attaquer, laissant échapper une occasion qu'elle ne devait plus rencontrer. Le lieutenant-colonel partait, en effet, avec l'intention bien arrêtée de lui infliger des pertes assez sérieuses pour la forcer à s'éloigner et à renoncer à ses tentatives sur la ville.

Au moment de se mettre en route, on apprend que le roi du Dahomey, poussé par l'un de ses officiers les plus énergiques, le chef du Décamey, quittait, de son côté, le camp qu'il occupait et se portait sur Porto-Novo à la tête de 6,000 guerriers et de 2,000 amazones. On pouvait donc prévoir que les deux armées se rencontreraient à quelques kilomètres de la ville. En conséquence, le colonel, qui marche en tête du gros, ayant à ses côtés M. Ballot, résident de France, fait presser le pas.

En arrivant au marché d'Adjagan, la colonne trouve quelques cadavres décapités, dévorés en partie par les vautours. Elle est rejointe, à ce point, par les guerriers du roi Toffa, escortés de leurs féticheurs, qui la dépassent bientôt pour éclairer sa marche.

A 7 h. 1/2, ces indigènes entrent dans le village d'Atchoupa, où ils se heurtent aux masses dahoméennes, qui les reçoivent par une vive fusillade; ils s'enfuient, laissant huit cadavres sur le terrain et ramenant une vingtaine de blessés.

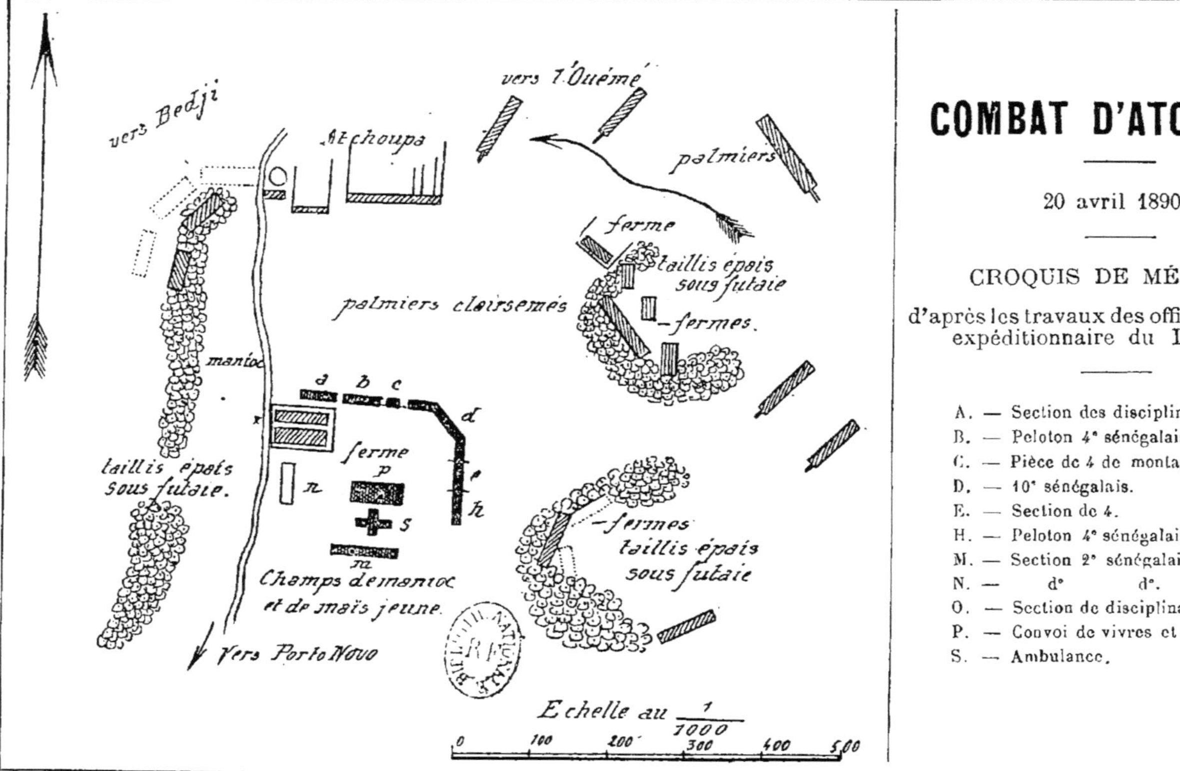

COMBAT D'ATCHOUPA

20 avril 1890.

CROQUIS DE MÉMOIRE

d'après les travaux des officiers du corps expéditionnaire du Dahomey.

A. — Section des disciplinaires.
B. — Peloton 4e sénégalais.
C. — Pièce de 4 de montagne.
D. — 10e sénégalais.
E. — Section de 4.
H. — Peloton 4e sénégalais.
M. — Section 2e sénégalais.
N. — d° d°.
O. — Section de disciplinaires.
P. — Convoi de vivres et munitions.
S. — Ambulance.

Pris de peur et de panique, ces guerriers, tout à l'heure si bravaches, viennent se réfugier en partie derrière la 10e compagnie, qui s'est déployée dès qu'elle a entendu les premiers coups de feu. L'autre partie disparaît dans toutes les directions.

Cette compagnie s'avance, le capitaine Arnoux en tête, sans tirer un coup de feu d'abord ; mais, arrivée à bonne distance, elle met en joue, un éclair traverse l'espace, une violente détonation retentit, et l'on aperçoit dans le camp ennemi les hommes tomber en poussant de grands cris ou en se tordant dans un râle d'agonie.

Cette salve était bientôt suivie d'une seconde, puis d'une troisième.

L'ennemi, déconcerté, s'arrête frémissant ; nos tirailleurs veulent s'élancer sur eux à la baïonnette ; il faut toute l'énergie des gradés pour les en empêcher.

Pendant que la 10e compagnie maintient ainsi l'armée dahoméenne, les autres fractions, appuyant un peu plus à droite, pour avoir un meilleur champ de tir, forment le carré. Mais l'ennemi s'est aperçu du mouvement et, à la faveur des broussailles, s'est glissé pour venir tirer sur les troupes en manœuvre. Le lieutenant-colonel et le lieutenant Roos ont leurs chevaux atteints de plusieurs projectiles.

Le terrain est dégagé au bout d'un instant, de ce côté, par les feux des disciplinaires et par quelques boîtes à mitraille.

Enfin, le carré est formé ; toutes les fractions y sont entrées et occupent une bonne position. En moins de deux heures, les Dahoméens reviennent par trois fois avec des cris furieux pour briser les trois premières faces. Chaque fois, nos soldats les attendent avec calme, l'arme au pied, jusqu'à une distance variant de 300 à 150 mètres, et alors les écrasent par des feux parfaitement ajustés, qui font de larges éclaircies dans leurs rangs. La scène du carnage est complétée par l'artillerie, qui tire à mitraille et à obus.

Plusieurs mouvements tournants, sur la droite, ne sont pas plus heureux pour l'ennemi que les attaques de front; ils sont repoussés avec des pertes aussi grandes.

Malgré l'attention que les officiers apportaient dans la consommation des munitions, en se promenant devant leur troupe jusqu'au moment favorable pour tirer, le nombre des cartouches diminuait. D'autre part, les montres marquaient déjà 9 h. 1/4; la chaleur était très forte et l'ennemi essayait de couper cette poignée de braves de sa ligne de retraite, Porto-Novo, dont elle était séparée par une distance de 7 kilomètres.

Etant donné l'acharnement des Dahoméens qui, fanatisés par leurs féticheurs, avaient promis au roi de lui rapporter toutes les têtes de nos soldats, on ne pouvait compter voir leurs assauts cesser. Notre faible détachement leur semblait une proie assurée et ils ne pouvaient croire qu'ils n'arriveraient point à triompher de son opiniâtreté. Il fallut penser à se retirer sur Porto-Novo qui, d'après les renseignements que l'on venait de recevoir, était menacé par un corps de 2,000 hommes.

L'ordre de faire demi-tour fut donné et la marche s'exécuta lentement mais avec fierté.

De temps à autre, le carré s'arrêtait pour fusiller les nombreux groupes qui venaient l'assaillir. Le corps des amazones se fit particulièrement remarquer par sa furie; plusieurs d'entre elles vinrent se faire tuer à la baïonnette en se ruant sur les tirailleurs.

La 10e compagnie, entraînée par l'exemple du capitaine Arnoux et du sous-lieutenant Szymanski, montra une bravoure et un entrain au-dessus de tout éloge. Les disciplinaires, sous les ordres du capitaine Pérez, tinrent aussi à se signaler par leur audace et en mettant une certaine coquetterie à marcher au pas sous le feu de l'ennemi. Tout le monde, d'ailleurs, fit son devoir avec un héroïsme digne d'admiration.

La colonne arriva ainsi en vue du marché d'Adjagan, point dangereux, entre des broussailles épaisses, qui pouvait être occupé par une partie du corps opérant sur Porto-Novo. Avant de l'aborder, le carré s'arrêta ; les pièces furent mises en batterie et, pendant un quart d'heure, une pluie de projectiles s'abattit sur l'adversaire.

Cette riposte vigoureuse brisa net toute résistance. Une panique de l'ennemi la suivit et s'étendit jusqu'au corps de diversion. Adjagan fut traversé sans encombre, et, à 10 heures, les derniers coups de feu étaient tirés. Une heure plus tard, les divers détachements reprenaient leurs postes de combat à Porto-Novo.

Grâce à la valeur des chefs de notre petite armée, à la discipline, à l'énergie indomptable de nos soldats, et aussi à la supériorité de leur armement, 8,000 guerriers ou amazones n'avaient pu entamer un corps de 300 hommes.

Nos pertes étaient sérieuses : nous comptions 8 auxiliaires tués et 37 blessés, dont 20 guerriers de Toffa ; le capitaine Arnoux et le sous-lieutenant Szymanski avaient été légèrement atteints, et M. le résident Ballot avait eu son casque traversé par une balle. Les Dahoméens ne comptaient pas moins de 1,500 hommes hors de combat ; le corps des amazones avait particulièrement souffert.

La consommation des munitions témoignait de la ténacité de l'ennemi ; nous avions dû brûler 25,000 cartouches, 120 boîtes à mitraille et 20 obus à balles. Et, pourtant, les feux furent constamment exécutés à commandement. Dirigés sur des groupes compacts, entre 300 et 50 mètres, ils furent parfois terrifiants. Malheureusement, en raison de la nature du terrain planté de palmiers espacés de 2 à 3 mètres, beaucoup de nos projectiles furent arrêtés.

L'armée ennemie, démoralisée, se retira au nord de Bedgi, ne laissant devant Porto-Novo que des avant-postes chargés de recueillir les blessés, d'enterrer les morts et de brûler, en se retirant, les hameaux et les fermes.

Le combat d'Atchoupa, qui est le dernier de cette courte mais pénible campagne, en restera le fait d'armes le plus glorieux (1).

Le lendemain, le lieutenant-colonel adressa à ses troupes l'ordre du jour suivant :

« Officiers, sous-officiers et soldats,

» Hier, vous avez lutté pendant deux heures et demie, avec une bravoure admirable, contre les meilleures troupes du roi du Dahomey, au nombre de 4,000 guerriers et 2,000 amazones.

» Vous vous êtes battus un contre vingt, et, confiants dans l'expérience de vos chefs, qui vous ont, depuis deux mois, conduits huit fois à l'ennemi, vous avez opposé à ces attaques furieuses une barrière insurmontable.

» Honneur à vous, tirailleurs, artilleurs, disciplinaires ! Ce sera pour moi un précieux souvenir d'avoir été appelé à vous commander.

» La 10e compagnie de tirailleurs, électrisée par ses deux braves officiers, le capitaine Arnoux et le lieutenant Szymanski, a fait des prodiges de valeur pendant la retraite, et je suis sûr d'être l'interprète de tous en la citant tout particulièrement à l'ordre de la colonne.

» Porto-Novo, le 21 avril 1890.

» *Le Lieutenant-colonel commandant les troupes,*

» Signé : TERRILLON. »

Edification d'un nouveau fort.

Pour compléter les lignes de défense de Porto-Novo, il fut décidé qu'un nouveau fort serait construit sur la partie nord-ouest. On l'appela Mousset, afin de perpétuer le sou-

(1) Voir aux annexes le chiffre total des morts et des blessés pendant toute la campagne.

venir du sous-lieutenant du même nom mort au champ d'honneur.

Tous les hommes du corps expéditionnaire et les guerriers du roi Toffa furent employés à la construction de cet ouvrage, si bien qu'en quarante-huit heures il était armé et occupé.

Quelques jours après, un autre fort était également bâti près de la résidence royale; il reçut le nom de Toffa.

La situation jusqu'au traité de paix.

A la suite du combat d'Atchoupa, le commandant Fournier prévint le ministère de la marine que, Behanzin marchant avec ses troupes, non pour razzier des esclaves, mais pour prendre Porto-Novo, les renforts demandés étaient nécessaires. Il ne s'agissait plus d'aller de l'avant, mais de repousser l'agresseur.

Il ajoutait que, pour obtenir la paix dans les conditions spécifiées par le Ministre, il faudrait une expédition sérieuse. On devrait marcher sur Abomey par Porto-Novo, c'est-à-dire adopter le plan primitif du lieutenant-colonel Terrillon.

Au préalable, on occuperait Whydah-Plage, puis Whydah-Ville.

Quant aux moyens, le commandant supérieur estimait qu'il faudrait 1,500 tirailleurs sénégalais et 1,500 hommes de troupes blanches, avec de l'artillerie, des moyens de transport et de nombreux porteurs indigènes. Il y aurait lieu également d'organiser un service d'approvisionnement, d'ambulance, de gîtes d'étapes fortifiés pour le renvoi en arrière des malades et des blessés, un transport-hôpital à Kotonou et enfin un transport-aviso qui serait attaché à la division navale.

La réponse à ce projet n'était pas encore arrivée que le commandant Fournier télégraphiait de nouveau au Ministre de la marine que, d'après les renseignements reçus dans la soirée, la situation devenait très grave à Porto-Novo; que l'armée royale, après avoir détruit les villages autour de la ville, était venue camper à petite distance et se disposait à attaquer en grand nombre.

Il demandait, en même temps, s'il pouvait débarquer 25 marins, que le colonel Terrillon sollicitait comme renfort.

Le 26, le Ministre répondait qu'il envoyait par le *Roland* 100 tirailleurs et faisait armer un transport pour porter une compagnie de fusiliers marins, des approvisionnements et des munitions. Il l'informait aussi que, quand la *Naïade* arriverait, elle pourrait mettre sa compagnie de débarquement à terre, mais qu'en attendant il était autorisé à débarquer la sienne.

Enfin, le Ministre demandait si ce renfort de personnel (300 hommes environ, sans compter 50 disciplinaires qui venaient d'arriver par la *Mésange*) permettait de se défendre avec certitude.

La réponse pouvait être d'autant plus affirmative que, le 24, une partie de la colonne s'était portée de nouveau vers les positions ennemies et les avait bombardées; les reconnaissances qui furent ensuite poussées en avant ne rencontrèrent plus personne. Les troupes dahoméennes s'étaient repliées sur Danglon, à 20 kilomètres au nord-est de Porto-Novo.

Le lendemain, on apprenait que toute l'armée royale était à Azouicé et le surlendemain à la lagune de Badao, ses premières positions. Pour le moment, par conséquent, elle renonçait à la lutte.

Le 28 avril, afin de montrer au roi Behanzin que nous étions toujours prêts à combattre, le commandant Fournier fit tirer quelques obus autour de Whydah.

L'effet de cette menace ne tarda pas à se manifester; dès le lendemain, les autorités de cette ville adressaient des mes-

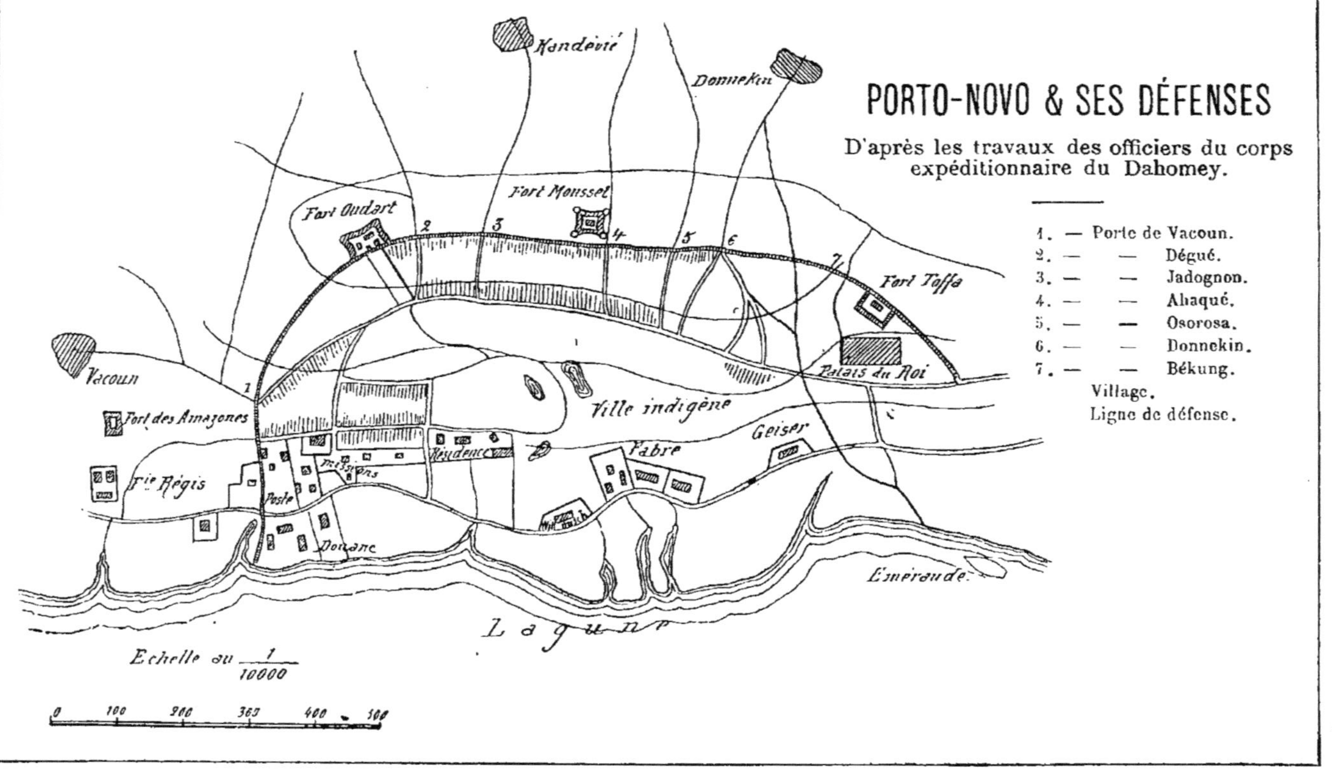

PORTO-NOVO & SES DÉFENSES
D'après les travaux des officiers du corps expéditionnaire du Dahomey.
1. — Porte de Vacoun.
2. — — Dégué.
3. — — Jadognon.
4. — — Ahaqué.
5. — — Osorosa.
6. — — Donnekin.
7. — — Békung.
Village.
Ligne de défense.
Kandevié
Donnekin
Fort Oudart
Fort Moussel
Fort Taffa
Palais du Roi
Vacoun
Fort des Amazones
Ville indigène
Geiser
Fabre
Résidence
Missions
Fie Régis
Poste
Douane
Emeraude
Lagune
Echelle au 1/10000
0 100 200 300 400 500

sagers au roi pour les sauver du bombardement et faisaient parvenir au commandant supérieur des lettres promettant de s'employer à la conclusion de la paix.

Le 3 mai, on apprenait que les otages retenus à Abomey venaient d'être mis en liberté, et, de fait, quelques jours après, ils arrivaient à Kotonou. Traîtreusement attirés, comme nous l'avons déjà dit, hors de la factorerie Fabre, où ils s'étaient réfugiés, ils furent emmenés à l'Agore, où on les enchaîna pour les diriger ensuite sur Abomey.

Leurs souffrances, causées par les chaînes aux pieds et au cou, et leurs promenades forcées au milieu d'une populace hostile cessèrent à Abomey, où ils furent relativement bien traités; mais leur captivité aurait certainement duré plus longtemps sans les succès de nos troupes et, en dernier lieu, sans la menace de bombarder Whydah.

Vers la même époque, le lieutenant-colonel Terrillon était relevé de son commandement pour cause de santé et remplacé par le lieutenant-colonel Klipfel.

En se séparant, le 1er mai, du corps expéditionnaire, il lui adressait l'ordre du jour suivant :

« Officiers, sous-officiers et soldats,

» M. le Ministre de la marine a décidé que mon état de santé, gravement compromis par les fatigues des débuts de la campagne, ne me permettait plus de conserver le commandement de la colonne expéditionnaire, que je remets aujourd'hui à M. le lieutenant-colonel Klipfel, appelé à me remplacer.

» Vous savez que je vous quitte le cœur gros et que je n'oublierai jamais les officiers dévoués et expérimentés, les troupes disciplinées et intrépides que j'ai eu l'honneur de commander.

» Une confiance réciproque, née au milieu des dangers et des fatigues, s'était établie entre nous.

» Je savais que je pouvais tout vous demander, et vous n'avez jamais marchandé ni vos efforts, ni votre sang.

» M. le lieutenant-colonel Klipfel est connu de vous tous; il a brillamment déjà, pendant de longs mois, dirigé des expéditions difficiles dans le Cambodge, dont la pacification lui est due en partie, et je suis certain que, sous ses ordres, vous continuerez à montrer les brillantes qualités par lesquelles vous vous êtes fait remarquer : discipline, bravoure et énergie, et que la France aura bientôt à s'enorgueillir de nouveaux succès auxquels j'applaudirai de loin.

» Au moment de partir, une pensée vient adoucir l'amertume de la séparation : l'espoir de venir vous rejoindre bientôt si les opérations engagées contre le Dahomey nécessitent l'envoi de troupes plus nombreuses.

» Je ne veux pas quitter notre jeune et belle colonie sans adresser tous mes remerciements :

» A M. Ballot, résident de France, qui, par la sûreté de ses renseignements, m'a permis, avec de très faibles effectifs, de faire face sur tous les points à l'armée dahoméenne et qui, par sa brillante conduite et l'énergie déployée pour remettre de l'ordre parmi les soldats auxiliaires, pendant le combat du 20 avril, a contribué au succès de la journée;

» Aux révérends pères de la mission et aux sœurs, que le soldat français est toujours heureux de retrouver sur tous les points du globe, et qui, avec un dévouement admirable, se sont offerts pour recueillir et soigner nos blessés;

» A MM. les agents des maisons de commerce européennes, et particulièrement de la maison Mantes frères et Borelli de Régis aîné, qui nous ont secondés de tout leur pouvoir et ont montré en toutes circonstances la plus grande sympathie pour les braves soldats de notre glorieuse patrie.

» *Le Lieutenant-colonel commandant la colonne,*

» TERRILLON. »

Quoique les hostilités fussent suspendues en fait, les pourparlers pour la conclusion d'un traité de paix n'aboutissaient pas. Bien mieux, les messagers que le commandant Fournier avait envoyés au roi pour offrir ses propositions étaient retenus à Abomey comme otages. A la fin de mai, l'amiral de Cuverville, revenant des Antilles, où il avait trouvé l'ordre de se rendre à Kotonou, arrive à Dakar. Des instructions du gouvernement l'y attendaient.

Dans ces instructions, le Ministre insistait sur la nécessité de traiter, tout en agissant avec énergie pour nous maintenir à Kotonou. Il renouvelait l'ordre de ne pas faire, à moins d'événements imprévus, d'expédition contre Whydah.

Quelques jours plus tard, le 19 mai, une nouvelle dépêche ministérielle disait : « Je suis bien persuadé, Monsieur le contre-amiral, que vous emploierez toute votre sagesse, toute votre activité à poursuivre, suivant le vœu du Gouvernement, la conclusion d'un arrangement ; aucun succès ne saurait vous faire plus d'honneur que la clôture, par voie transactionnelle, de l'incident du Dahomey. »

Cependant, les dépêches expédiées en France par le contre-amiral de Cuverville, après son arrivée à Kotonou, dit le rapport de M. de Lanessan, témoignent de sa conviction que, pour en finir avantageusement, il faudrait faire une expédition sur Abomey, et il prend ses mesures en conséquence.

Il était du reste conduit assez naturellement à cette manière de voir par les massacres d'esclaves auxquels le roi du Dahomey se livrait pour se distraire. Ne pouvant rentrer dans sa capitale sans victimes à la suite de ses échecs de Kotonou et de Porto-Novo, il venait de faire un raid sur Abéoukouta et avait enlevé environ mille esclaves destinés aux sacrifices humains.

A la date du 2 juillet, le contre-amiral de Cuverville se plaignait au Ministre de la marine de la mauvaise foi de Bé-

CARTE
DES OPÉRATIONS DU DAHOMEY
EN 1890
Par Victor NICOLAS, Capitaine d'Infanterie de Marine,
d'après les travaux des officiers du corps expéditionnaire.
Echelle
10
20
30
40
50
60 Kil
Agony
ABOMEY
Tour
Abovy
Cana
Zogodo
Oboa
Kouta
Andounou

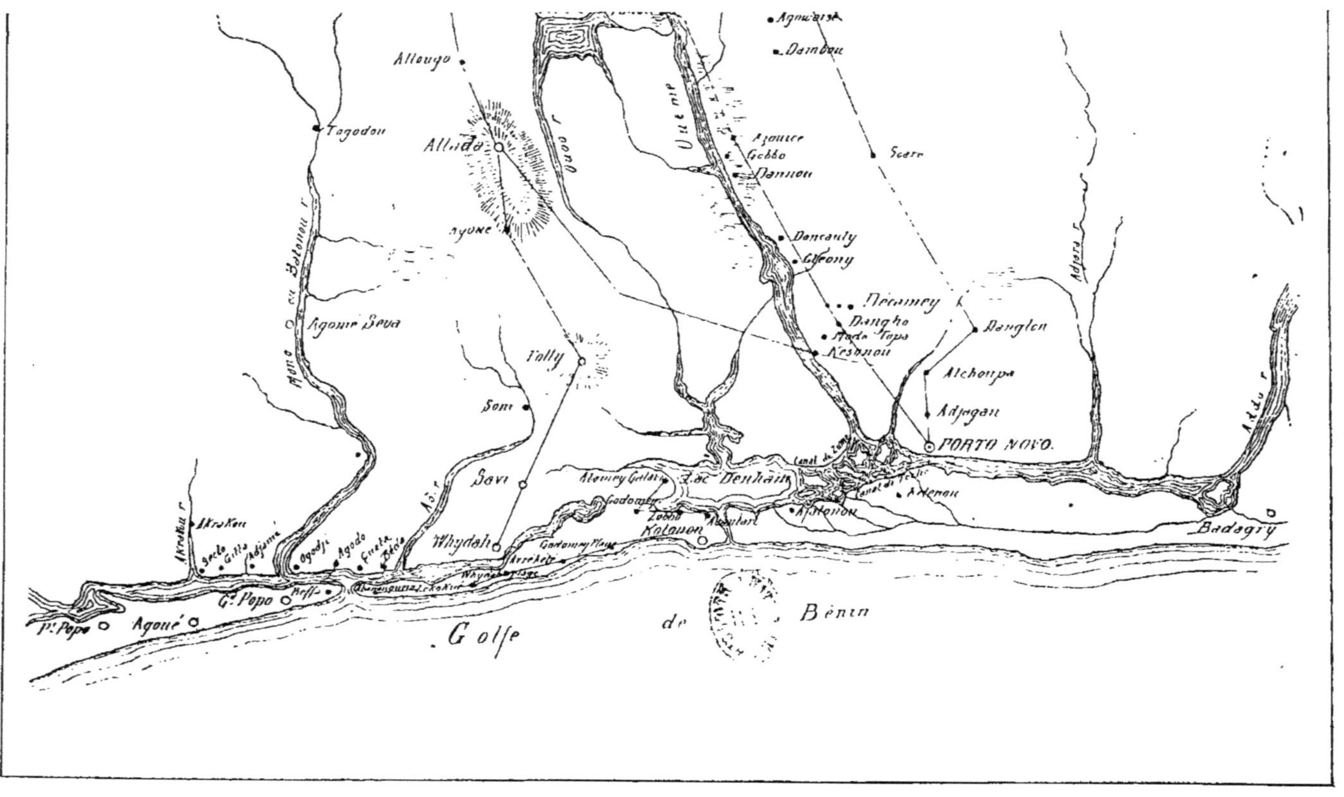
Golfe de Bénin
PORTO NOVO
Badagry
Lac Denham
Whydah
Kotonou
Allada
Savi
Tally
Som
G^d Popo
P^t Popo
Agoué
Tagodou
Allougo
Agome Seva
Adjara r
Danglen
Atchoupa
Adjagan
Kesonou
Dangho
Dancauly
Gbony
Azouece
Gebbo
Dannou
Scere
Dambou
Ajatonou
Godomey
Godomey Plage
Akrokou
Ogodji
Agodo
Ouémé
Ayone

hanzin. Les négociations engagées par le commandant Fournier, disait-il, n'aboutissent pas. Les messagers ne sont pas revenus parce qu'il est difficile de parvenir jusqu'au roi et qu'il est plus difficile encore de lui faire entendre raison. Il proclame, du reste, que la France lui a demandé pardon.

Ce que cherchait Béhanzin, c'était de gagner du temps pour reformer son armée et recevoir de la poudre et des armes. Le chef de l'expédition ne l'ignorait pas; mais, devant l'insistance du Gouvernement, il ne pouvait que continuer les négociations.

Néanmoins, dans le courant de juillet 1890, il prenait des mesures en vue d'une prochaine reprise des hostilités et s'assurait le concours de 2,000 guerriers egbas.

Ces dispositions amenèrent une détente dans l'entourage royal, et le frère de Béhanzin, seule personne autorisée à faire des remontances, s'associait aux partisans de la paix. Le moment était favorable pour remplir les vues du Gouvernement; le contre-amiral de Cuverville en profita.

Traité de paix du 3 octobre 1890.

A la fin de juillet, le P. Dorgère, qui, dans ses trois mois de captivité, s'était créé des relations avec les autorités dahoméennes, notamment avec les grands féticheurs, fut chargé de la mission délicate d'aller réclamer à Whydah la mise en liberté des envoyés du commandant Fournier et de tenter d'amener le roi à composition.

Les négociations furent laborieuses, mais n'amenèrent aucun résultat; le P. Dorgère se décida alors à partir pour Abomey. On était au 29 août.

A son arrivée dans la capitale, il fut traité avec la dernière inconvenance et considéré en quelque sorte comme prisonnier. Il ne lui était pas permis de sortir sans être accompagné et surveillé par la police du roi.

Le 7 septembre, l'amiral annonçait au ministère que le P. Dorgère était parvenu à faire mettre en liberté les trente-cinq envoyés du commandant Fournier, mais que Béhanzin demandait une indemnité de 1,500 livres sterling pour Kotonou et refusait de reconnaître notre protectorat sur Porto-Novo.

Afin de profiter des bonnes dispositions royales et de les encourager, l'amiral leva le blocus de la côte le 11 juillet. C'était faire preuve d'intentions tout à fait pacifiques.

Malgré tout, les négociations traînaient en longueur et ne semblaient point près d'aboutir. Fatigué, à la fin, le commandant en chef résolut d'employer un grand moyen. Il part de Kotonou avec la *Naïade* et vient s'embosser devant Whydah, donnant vingt-quatre heures aux Dahoméens pour signer un arrangement sous peine de bombardement.

L'effet de cette menace fut des plus heureux, car le 3 octobre l'arrangement était signé.

Le roi du Dahomey respectait le protectorat français du royaume de Porto-Novo; il s'engageait, pour l'avenir, à ne faire aucune incursion sur les territoires dépendant de ce protectorat et reconnaissait à la France le droit d'occuper indéfiniment Kotonou.

A titre de compensation pour cette occupation, nous devions lui verser annuellement une somme qui ne pouvait, en aucun cas, dépasser 20,000 francs.

Enfin, tous les traités et conventions antérieurement conclus entre les deux puissances restaient intacts (1).

De sérieuses critiques ont été faites contre cet arrangement. L'amiral de Cuverville, qui ne l'a signé qu'à contrecœur, disait lui-même, dans la lettre qu'il envoyait au Ministre le 5 octobre, que l'acte qu'il soumettait au gouvernement ne pouvait être considéré comme un traité; c'était tout au plus un arrangement qui sauvegardait tout ce qui

(1) Voir tous ces traités aux annexes.

devait être sauvegardé et nous assurait tout ce que nous pouvions obtenir sans recourir de nouveau à la force.

C'est ainsi que la Chambre le comprit, d'ailleurs, en refusant, dans sa séance du 28 novembre 1891, de la ratifier et en laissant au gouvernement le soin de lui donner la sanction la plus conforme à nos intérêts dans le golfe du Bénin.

Des esprits sérieux ont manifesté, au sein de la commission chargée d'examiner cet arrangement, leurs regrets d'avoir vu interrompre les opérations militaires précisément à l'heure où elles pouvaient produire tous leurs fruits, alors que les troupes du Dahomey avaient été battues dans toutes les rencontres, refoulées vers le nord et mises dans la nécessité de protéger Abomey, en laissant tous nos mouvements libres à Kotonou et à Whydah.

L'occupation de Whydah était, à ce moment, chose facile; réclamée avec insistance par les commerçants de toutes les nationalités, elle était de nature à impressionner d'autant plus profondément le roi du Dahomey que Whydah est, avec Kotonou, le seul point de son royaume par où se fasse le commerce maritime.

Quant aux indigènes, ils étaient effrayés par les défaites successives qu'ils venaient d'éprouver et par les quelques obus lancés autour de Whydah; le mécontentement et la division régnaient dans l'entourage du roi, et les Egbas, après avoir longtemps hésité, nous offraient le concours de leurs guerriers.

Ces mêmes critiques disent que, puisque la seule menace de bombarder la ville de Whydah avait suffi pour faire rendre les otages traitreusement enlevés le 4 mars par les gens du roi, il est permis de penser que la réoccupation militaire de ce point aurait eu des conséquences encore plus favorables à la conclusion d'un traité avantageux, car, une fois établie militairement à Whydah, où il est facile de se maintenir, la France était la maîtresse des destinées du Dahomey.

En ce qui concerne les 20,000 francs que la France devra payer annuellement à Behanzin, à titre de compensation pour l'occupation de Kotonou, on a fait remarquer que cette cause constitue un recul sur le traité du 19 avril 1878, qui nous donne ce port en toute propriété.

Enfin, on a encore reproché à l'arrangement du 30 octobre 1890 de ne contenir aucune clause relative au commerce français, les traités antérieurs n'étant pas suffisants pour empêcher le roi du Dahomey de susciter des ennuis à nos commerçants et d'entraver leurs affaires, et la commission chargée de l'examen de cet acte a été unanime à regretter de ne le voir comporter aucune mention relative à la suppression de la traite des esclaves et des sacrifices humains.

Toutes ces critiques, il faut bien le reconnaître, sont loin d'être spécieuses ; elles montrent la fragilité du traité.

Tel qu'il était, cependant, on pouvait encore l'accepter s'il avait été exécuté loyalement ; mais Béhanzin s'est empressé de le déchirer en venant piller et saccager les territoires de Porto-Novo, donnant ainsi une nouvelle preuve du cas que l'on doit faire de sa bonne foi.

Il faut remarquer que c'est précisément après avoir touché sa première annuité que ce monarque noir s'est jeté sur le territoire de notre protégé ; c'est sa seule manière à lui de témoigner sa reconnaissance.

Quoi qu'il en soit, l'expédition du Dahomey a eu au moins le mérite de jeter un nouvel éclat sur les armes françaises ; elle a prouvé une fois de plus que, sur les plages les plus inhospitalières comme partout où flotte le drapeau tricolore, nos soldats ont toujours pour devise : « Amour de la patrie, confiance dans les chefs, abnégation de soi-même pour le devoir. »

FIN

ANNEXES

ANNEXE N° 1

Etat général des pertes éprouvées par le corps expéditionnaire pendant la durée de la campagne.

NOMS DES BATAILLES, COMBATS ET RENCONTRES de toute nature.	DATES.	OFFICIERS					SOUS-OFFICIERS ET SOLDATS					OBSERVATIONS.
		tués.	blessés.	morts de suite de blessures.	morts de maladie.	disparus ou prisonniers.	tués.	blessés.	morts de suite de blessures.	morts de maladie.	disparus ou prisonniers.	
Prise de Kotonou	21 février 1890.	»	»	»	»	»	»	4	»	»	»	
Combat de Kotonou........	23 février 1890.	»	»	»	»	»	»	5	»	»	»	
— de Zobbo	1er mars 1890.	»	»	»	»	»	2	2	»	»	»	
— de Kotonou........	4 mars 1890.	»	2	»	»	»	8	24	5	»	»	
— de Godomey-Plage.	25 mars 1890.	»	2	»	»	»	3	9	2	»	»	
— de Décamey	28 mars 1890.	2	»	»	»	»	»	»	»	»	»	
— d'Atchoupa	20 avril 1890.	»	1	»	»	»	8	57	1	»	»	28 guerriers de Toffa.
	19 mars 1890.	»	»	»	»	»	»	»	»	1	»	
	20 mars 1890.	»	»	»	»	»	»	»	»	1	»	
	22 et 23 mars 1890	»	»	»	»	»	»	»	»	2	»	
	1er avril 1890.	»	»	»	»	»	»	»	»	1	»	
	12 avril 1890.	»	»	»	»	»	»	»	»	1	»	
	16 avril 1890.	»	»	»	»	»	»	»	»	1	»	
	25 avril 1890.	»	»	»	»	»	»	»	»	2	»	
TOTAUX au 1er mai 1890...........		2	5	»	»	»	21	101	8	9	»	28

ANNEXE N° 2

Convention entre le Président de la République française et le roi de Dahomey.

(1er juillet 1851.)

Entre M. **Bouët,** lieutenant de vaisseau, envoyé du gouvernement français près le roi de Dahomey, agissant au nom du Président de la République française, d'une part ;

Et **Guezo,** roi du Dahomey, d'autre part.

Il a été convenu ce qui suit :

Sa Majesté, le roi de Dahomey, voulant resserrer les liens d'amitié qui unissent depuis des siècles sa nation à la nation française, a conclu le traité qui suit avec l'officier chargé des pouvoirs de Monsieur le Président de la République française.

Art. 1er. — Moyennant les droits et coutumes établis jusqu'à ce jour et stipulés dans l'article ci-après, le roi de Dahomey assure toute protection et liberté de commerce aux Français qui viendront s'établir dans son domaine ; les Français, de leur côté, se conformeront aux usages établis dans le pays.

Art. 2. — Tout navire débarquant une cargaison entière payera comme droit d'ancrage, savoir :

Quarante piastres de cauris blanc ;

Vingt-huit pièces de marchandises ;

Cinq fusils ;

Cinq barils de poudre ;

Soixante gallons d'eau-de-vie.

S'il ne décharge que moitié, il ne payera que moitié ; s'il ne décharge rien, il ne payera rien, même en prenant à terre un chargement complet de marchandises du pays.

Art. 3. — Si une autre nation obtenait, par un traité quelconque, une diminution de droits, le roi accorderait sur-le-champ les mêmes faveurs aux Français.

Art. 4. — Désirant prouver aux Français toute sa bonne volonté pour ouvrir aux négociants étrangers de nouvelles branches de commerce, le roi promet sa protection toute particulière au trafic de l'huile de palme et des arachides et autres produits des contrées placées sous ses ordres.

Art. 5. — En cas de naufrage d'un navire français sur les côtes du Dahomey, le roi fera porter tous les soins possibles au sauvetage des hommes, du navire et de la cargaison; une indemnité conforme aux usages du pays sera payée aux sauveteurs.

Art. 6. — Les gens dit du Salam français prétendant avoir seuls droit aux travaux de la factorerie française, leurs salaires seront fixés par une convention spéciale quelle que soit la nature de ces travaux; par réciprocité, le roi fera punir sévèrement tout homme du Salam qui refuserait de travailler sans prétexte valable.

Art. 7. — Le roi s'engage à réprimer avec sévérité la fraude de l'huile de palme, laquelle fraude peut porter un préjudice notable à l'industrie de l'huile.

Art. 8. — Il ne sera plus permis à des agents tels que les *déciméros* d'arrêter la traite de l'huile de palme comme ils l'ont fait parfois sans le moindre prétexte. Le roi jugera seul si elle doit l'être, ou au moins le yavoghan de Whydah, et, conformément aux anciens usages; les traitants seront prévenus des motifs de cette défense.

Art. 9. — Pour conserver l'intégrité du territoire appartenant au fort français, tous les murs ou bâtiments construits en dedans de la distance réservée (13 brasses à partir du revers extérieur des fossés d'enceinte) seront abattus immédiatement et il sera défendu au roi d'en construire de nouveaux.

Art. 10. — Le roi prend l'engagement de donner toute sa protection aux missionnaires français qui viendraient s'établir dans ses Etats et de leur laisser l'entière liberté de leur culte et de favoriser leurs efforts pour l'instruction de ses sujets.

M. le Président de la République française, voulant reconnaître de son côté les bons offices et la protection accordée aux Français par Sa Majesté le roi de Dahomey, saisira toutes les occasions de lui en prouver sa satisfaction en lui envoyant le plus souvent possible des officiers investis de sa confiance.

Fait double à Abomey, le 1er juillet 1851.

Pour le Président :

L'Officier français en mission,

Signé : Bouet.

(S. M. le Roi de Dahomey ne sachant pas signer, a fait une croix.)

ANNEXE N° 3

Cession à la France du territoire de Kotonou par le roi du Dahomey.

(19 mai 1868.)

L'an mil huit cent soixante-huit, le dix-neuf du mois de mai, les soussignés, Jean-Baptiste **Bonnaud**, agent du consul de France au Dahomey et à Porto-Novo, assisté de M. Pierre **Delay**, négociant français à Whydah, et de **Daba**, yavoghan, gouverneur de Whydah, agissant au nom et par les ordres du roi de Dahomey, assisté de **Chautadou**, grand cabécère de Whydah, en présence de tous leurs moss, des envoyés ordinaires et extraordinaires du roi de Dahomey et des moss des grands cabécères du royaume absents de Whydah,

Se sont réunis dans la maison du yavoghan, siège du gouvernement du roi de Dahomey à Whydah, à l'effet de convenir ce qui suit :

Le yavogan ayant pris la parole s'est exprimé ainsi :

« Le roi de Dahomey, dans son désir de donner une preuve d'amitié à S. M. l'Empereur des Français et reconnaître les relations amicales qui ont existé de tout temps entre la France et le Dahomey, avait, vers la fin de l'année 1864, fait cession à la France de la plage de Kotonou.

» Le 9 mars dernier, il a envoyé à Whydah un messager spécial nommé Kokopé, porteur de son bâton royal, à l'effet de renouveler cette cession entre les mains du vice-consul de France, avec toute la solennité en usage dans le Dahomey.

» Dans ces circonstances, il a été jugé nécessaire, tant par le roi de Dahomey que par le vice-consul de France, qu'un écrit constatât la confirmation de la cession faite antérieurement par le roi de Dahomey de la plage de Kotonou et l'acceptation par la France de cette cession.

» L'agent vice-consul a répondu au nom du gouvernement de l'empereur, en exprimant toute sa gratitude au roi de Dahomey pour cette nouvelle preuve d'amitié.

» Il a ajouté qu'il acceptait cette cession dans la pensée qu'elle favoriserait l'extension des relations commerciales existant entre les deux pays et serait ainsi profitable à tous les deux ; mais, quel que fût le désir du roi de Dahomey de voir Kotonou occupé militairement par la France, le gouvernement de l'empereur n'avait pas cru devoir, jusqu'à présent, réaliser cette occupation et qu'il ne la réaliserait qu'autant que cela conviendrait à ses intérêts ; que jusqu'à ce moment rien ne devait être changé à l'état des choses actuel, en ce qui concerne les indigènes du pays et la perception des droits des douanes. »

Le yavoghan, les grands cabacérès, les envoyés du roi de Dahomey et les moss présents de tous les cabécérès du royaume ayant manifesté leur adhésion aux paroles prononcées par l'agent vice-consul, les articles suivants ont été rédigés d'un commun accord entre toutes les parties contractantes.

Art. 1er. — Le roi de Dahomey, en confirmation de la cession faite antérieurement, déclare céder gratuitement à S. M. l'Empereur des Français le territoire de Kotonou avec tous les droits qui lui appartiennent sur ce territoire, sans aucune exception ni réserve et suivant les limites qui vont être déterminées:

Au sud, par la mer; à l'est, par la limite naturelle des deux royaumes de Dahomey et de Porto-Novo; à l'ouest, à une distance de 6 kilomètres de la factorerie Régis aîné, sise à Kotonou, sur le bord de la mer; au nord, à une distance de 6 kilomètres de la mer, mesurés perpendiculairement à la direction du rivage.

Art. 2 — Les autorités établies par le roi de Dahomey à Kotonou continueront d'administrer le territoire actuellement cédé, jusqu'à ce que la France en ait pris effectivement possession. Rien ne sera changé à l'état des choses existant actuellement; les impôts et les droits des douanes continueront, comme par le passé, à être perçus au profit du roi de Dahomey.

Art. 3. — Le présent traité sera soumis à l'approbation du gouvernement de S. M. l'Empereur des Français, mais la cession du territoire de Kotonou est considérée comme d'ores et déjà définitive et irrévocable, sauf la non ratification du présent traité par l'Empereur des Français.

Fait et signé par les parties contractantes à Whydah, les jour, mois et an que dessus.

(Suivent la signature de l'agent vice-consul de France et la marque du yavoghan.)

Pour copie conforme,

Le Capitaine de frégate commandant supérieur,
Signé : Pradier.

ANNEXE N° 4

Traité passé entre la France et le Dahomey. (Cession de Kotonou.)

(18 avril 1878.)

Au nom de la République française,

Entre le capitaine de frégate Paul **Serval,** chef d'état-major du contre-amiral **Allemand,** commandant en chef de la division navale de l'Atlantique sud, au nom du Président de la République française, d'une part;

Et le yavoghan de **Whydah** et le cabécère **Chautadou,** au nom de S. M. **Glé-Glé,** roi de **Dahomey,** lequel a préalablement pris connaissance du projet de traité et lui a donné son approbation, d'autre part,

Il a été convenu ce qui suit :

Art. 1er. — La paix et l'amitié qui règnent et n'ont cessé de régner entre la France et le Dahomey, depuis le traité de 1868, sont confirmées par la présente convention, qui a pour objet d'élargir les bases de l'accord entre les deux pays.

Art. 2. — Les sujets français, auront plein droit de s'établir dans tous les ports et villes faisant partie des possessions de S. M. Glé-Glé et d'y commercer librement, d'y occuper et posséder des propriétés, maisons et magasins pour l'exercice de leur industrie; ils jouiront de la plus entière et de la plus complète sécurité de la part du roi du Dahomey, de ses agents et de son peuple.

Art. 3. — Les sujets français, résidant ou commerçant dans le Dahomey, recevront une protection spéciale pour l'exercice plein et entier de leurs diverses occupations, de la part de tous les sujets de S. M. Glé-Glé et des étrangers résidant au Dahomey.

Il leur sera permis d'arborer, sur leurs maisons et factoreries, le drapeau du Dahomey seul ou associé au pavillon français, et le roi Glé-Glé s'engage à faire connaitre à ses sujets et à tous les étrangers qui habitent ses domaines, qu'ils aient à respecter les personnes et les propriétés des Français, sous peine d'un sévère châtiment.

Art. 4. — Les sujets français jouiront, pour l'admission et la circulation des marchandises et produits introduits par eux et par leurs soins au Dahomey, du traitement de la nation la plus favorisée.

Art. 5. — Aucun sujet français ne pourra désormais être tenu d'assister à aucune coutume du royaume de Dahomey où seraient faits des sacrifices humains.

Art. 6. — Toutes les servitudes imposées aux résidents français au Dahomey et particulièrement aux habitants de Whydah, sont et demeurent supprimées.

Art. 7. — En confirmation de la cession faite antérieurement, S. M. Glé-Glé abandonne en toute propriété à la France le territoire de Kotonou, avec tous les droits qui lui appartiennent, sans aucune exception ni réserve et suivant les limites déterminées :

Au sud, par la mer;

A l'est, par la limite actuelle des deux royaumes de Porto-Novo et de Dahomey;

A l'ouest, à une distance de 6 kilomètres de la factorerie Régis ainé, sise à Kotonou, sur le bord de la mer;

Au nord, à une distance de 6 kilomètres de la mer, mesurée perpendiculairement à la direction du rivage.

Fait à Whydah, en double expédition, le 19 avril 1878.

(Suivent les marques du yavoghan de Whydah et du cabécère Chautadou.) Signé : P. Serval.

Les témoins au traité :

Signé : B. Colonna di Lecca, agent en chef;
Régis ainé et Cie;
Francisco P. Souza (chacha);
G. Ferrat, lieutenant de vaisseau commandant le *Bruat*.

Pour copie conforme :

Le Capitaine de frégate commandant supérieur des établissements français du golfe de Guinée,

Signé : G. Pradier.

ANNEXE N° 5

Arrangement conclu entre la France et le Dahomey le 3 octobre 1890.

En vue de prévenir les malentendus qui ont amené entre la France et le Dahomey un état d'hostilité préjudiciable aux intérêts des deux pays,

Nous, soussignés :

Aladaka Do-de-dji, messager du roi,

Assisté de :

Cussugan, faisant fonction de yévoghan,

Zizidoque, Zonouhoucon, cabécères,

Aïnadou, trésorier de la ogre,

Désignés par S. M. le roi **Behanzin Ahy Djeri,**

Et le capitaine de vaisseau **de Montesquiou-Fezensac,** commandant le croiseur *le Roland,*

Le capitaine d'artillerie **Docœur,**

Désignés par le contre-amiral **Cavelier de Cuverville,** commandant en chef les forces de terre et de mer, faisant fonctions de gouverneur dans le golfe de Bénin, agissant au nom du gouvernement français,

Avons arrêté, d'un commun accord, l'arrangement suivant, qui laisse intacts tous les traités ou conventions antérieurement conclus entre la France et le Dahomey :

Art. 1er. — Le roi de Dahomey s'engage à respecter le protectorat français du royaume de Porto-Novo et à s'abstenir de toute incursion sur les territoires faisant partie de ce protectorat.

Il reconnait à la France le droit d'occuper indéfiniment Kotonou.

Art. 2. — La France exercera son action auprès du roi de Porto-Novo, pour qu'aucune cause légitime de plainte ne soit donnée à l'avenir au roi de Dahomey.

A titre de compensation pour l'occupation de Kotonou, il sera versé annuellement par la France une somme qui ne pourra, en aucun cas, dépasser 20,000 francs (or ou argent).

Le blocus sera levé et le présent arrangement entrera en vigueur à compter du jour de l'échange des signatures. Toutefois, cet arrangement ne deviendra définitif qu'après avoir été soumis à la ratification du gouvernement français.

Fait à Whydah, le 3 octobre 1890.

Signé : Alaka Do-de-dji, Cussugan, Zizidoque, Zonouhoucou, Ainadou.

Signé : H. Decœur, Y. de Montesquiou.

Les témoins :

Signé : Candido Rodriguez, Alexandre.

Les témoins :

Signé : d'Ambières, Dorgère.

Vu :

Le contre-amiral commandant en chef les forces de terre et de mer faisant fonctions de gouverneur,

Signé : Cavelier de Cuverville.

ANNEXE N° 6

Lieutenant-gouverneur à Colonies, Paris.

Kotonou, le 1er janvier 1890.

Sommes restés Abomey trente-six jours. Ai pu exposer, 28 novembre, but mission pacifique et demander laisser établir douanes Kotonou conformément traités. Prince héritier (nommé alors Kondo, actuellement roi Behanzin) déclara au nom du roi tous traités français nuls et repoussa intervention des Européens; gardai calme absolu. Prince insulta République, ai protesté énergiquement. Avais remis le 23 cadeaux offerts par le gouvernement. Jusqu'au 27 décembre sommes restés prisonniers. Sortions seulement pour assister aux coutumes. Il y a eu deux cents sacrifices. On a martyrisé des hommes de Porto-Novo et avons été forcés de voir les cadavres mutilés; on a décapité devant mon secrétaire. Suis tombé gravement malade. Situation devenait dangereuse, on parlait de nous garder comme otages.

ANNEXE N° 7

Lieutenant-gouverneur à Colonies, Paris.

Kotonou, le 14 janvier 1890.

Attitude Dahomey est devenue menaçante pour protectorat. Roi réunit nombreux contingents. Déjà autorités Kotonou soulèvent difficultés en maltraitant tirailleurs. Il est urgent prendre résolution immédiate. Discussions existant entre partisans ancien et nouveau roi pourraient favoriser expédition.

ANNEXE N° 8

Colonies à lieutenant-gouverneur, à Kotonou.

Paris, 16 janvier 1890.

Conseil des Ministres peu favorable à idée expédition, qui nécessiterait intervention Parlement. Câblez quelle serait dans votre pensée importance et composition des troupes envoyer Dahomey. Quelle serait dépense ? Opération serait-elle possible immédiatement en raison saison ? Quelle serait durée probable. En tout état de cause, assurer protection nos établissements factoreries européennes sur côte et dans intérieur. A ce point de vue, et quelle que soit décision prise pour expédition Dahomey, câblez si pouvez répondre sécurité avec forces dont disposez ou si nécessaire envoyer renforts de Saint-Louis en indiquant nombre nécesssaire.

ANNEXE N° 9

Lieutenant-gouverneur à Colonies, Paris.

Kotonou, le 19 janvier 1890.

Si Sénégal prête concours, estime expédition possible sans intervention Parlement. D'après renseignements fournis par officier présent, effectif nécessaire pour réduire et occuper Dahomey est : un bataillon tirailleurs, une réserve de deux compagnies blanches, une batterie d'artillerie de montagne 80m/m, section génie auxiliaire, services accessoires, train et convoi constitué ici par porteurs et pirogues ; dépense militaire ordinaire pour cet effectif. Douane installée Kotonou littoral et contribution guerre pourraient couvrir frais expédition.

Opérations possibles immédiatement jusqu'à avril ; durée probable un mois ; résistance assez sérieuse début. Roi Toffa assure le concours de 500 guerriers. En tout état de cause, pour assurer protection nos établissements factoreries européennes sur côte et dans intérieur, indispensable envoyer de Saint-Louis deux compagnies tirailleurs, quatre canons 4 montagne. Nous pourrions, avec ce renfort et force existante, occuper définitivement Kotonou et nous emparer de Whydah, Avrékété, Godomey, Abomey-Calavi ; protection commerçants européens ne peut être assurée qu'à ce prix. Aviso *Mésange* attendu après mission Grand-Bassam, et aviso amenant renfort appuyant opérations sur littoral.

ANNEXE N° 10

Colonies à lieutenant-gouverneur, Kotonou.

Paris, le 20 janvier 1890.

Conseil des ministres, saisi question de savoir si expédition ne serait pas nécessaire, n'a pas encore pris de résolution ; mais, en attendant, il importe assurer protection de nos établissements et des factoreries européennes sur côte et dans l'intérieur.

ANNEXE N° 11

Marine à Sané, *Libreville.*

Paris, 10 février.

Rendez-vous immédiatement sur la Côte des Esclaves avec tous les tirailleurs gabonais que vous pourrez emporter ; débarquez-les à Kotonou ; donnez votre concours au lieutenant-gouverneur, mais ne débarquez pas un marin du *Sané*.

ANNEXE N° 12

Colonies à lieutenant-gouverneur, Kotonou

Paris, 17 février.

Il est bien entendu qu'opérations dont parlent vos télégrammes doivent être strictement limitées à défense nos territoires et protection factoreries sur côte. Vous recommande encore ne procéder qu'avec grande prudence, après entente avec commandant troupes, à qui devez laisser direction opérations militaires. Un échec même insignifiant aurait, dans circonstances actuelles, graves conséquences.

ANNEXE N° 13

Lieutenant-gouverneur à Colonies, Paris.

Kotonou, 22 février 1890.

Suis heureux vous annoncer l'occupation effective de Kotonou. Commandant Terrillon a enlevé hier après-midi village rapidement et brillamment. Avais fait préalablement arrêter tous chefs Agorre, que j'envoie Porto-Novo. Existe accord complet entre commandant Terrillon et moi. Commandant fortifie Kotonou.

ANNEXE N° 14

Colonies à lieutenant-gouverneur, Kotonou.

Paris, 22 février 1890.

Quel motif avez-vous eu pour enlever de vive force Kotonou? Avez-vous été attaqué? Vous rappelle prescriptions qui vous ordonnent protéger nationaux et non prendre offensive. Câblez immédiatement et chiffrez toujours. Commandant Terrillon demande renforts à Saint-Louis : pourquoi?

ANNEXE N° 15

Lieutenant-gouverneur à Colonies, Paris.

Kotonou, 23 février 1890.

Reçois dépêches. Avant-garde armée régulière Dahomey vient de nous attaquer à 1 heure forte de 500 hommes. Commandant Terrillon, avec 30 tirailleurs et un canon, leur a infligé défaite sérieuse. Dahoméens ont eu 60 tués. 2 tirailleurs blessés légèrement. Je reste provisoirement à Kotonou avant d'aller occuper Whydah. Construction fort avance rapidement. Demande urgence, au nom du commandant, renforts une compagnie blanche de 150 hommes et 100 tirailleurs. Ignore mission *Sané*, qui m'a déclaré ne pouvoir débarquer personne en aucun cas. Avais autorisé commandant appareiller pour se rendre Whydah et Popo. *Sané* arrivé. Estime combat aujourd'hui fait présager succès définitif et rapide si renforts arrivent urgence.

ANNEXE N° 16

Lieutenant-gouverneur à Colonies, Paris.

Kotonou, 24 février.

Ayant été attaqués par Dahoméens, avons répondu et pris otages comme représailles et pour protection nationaux.

ANNEXE N° 17

Colonies à lieutenant-gouverneur, Kotonou.

Paris, 24 février.

Dois vous mettre en garde contre danger de vous laisser entrainer par premier succès à aller au delà du programme approuvé par gouvernement. Impression qui domine ici est qu'avec force dont disposez pouvez conserver position défensive contre Dahomey. Marche en avant, indépendamment dangers que pourrait présenter, créerait à gouvernement graves embarras parlementaires. Avant donner ordres pour envoi de renforts demandés, attends explications très précises de vous sur ce point.

ANNEXE N° 18

Marine à Sané, *Kotonou.*

Paris, 25 février.

Télégraphiez situation exacte avec votre appréciation. Estimez-vous renforts nécessaires, étant donné que nous [ne] voulons pas expédition dans intérieur, mais que nous voulons possession côte parfaitement assurée?

ANNEXE N° 19

Sané *à Marine, Paris.*

26 février.

Kotonou occupé par tirailleurs Gabon et Sénégal. Travail fortification exécuté par 300 auxiliaires Porto-Novo. Ennemi menace venir nombreux après fêtes royales. J'estime renfort nécessaire pour conserver Kotonou et protéger Porto-Novo; il doit être fort considérable si vous voulez possession de la côte jusqu'à Grand-Popo, qui peut forcer prendre Whydah. Aviso *Sénégal* utile pour communications sans dégarnir Kotonou.

Lieutenant-gouverneur demande je débarque momentanément un officier pour délimitation suivant protocole 12 août. Je sollicite vos ordres.

ANNEXE N° 20

Marine à commandant Sané, *Kotonou.*

3 mars.

Vous recommande rester strictement dans votre rôle. Marine ne devoir prendre aucune responsabilité dans événements du Bénin.

ANNEXE N° 21

Sané *à Marine, Paris.*

Kotonou, 4 mars.

Reçu votre recommandation sur mon rôle strictement maritime. J'ai fait connaître vous à titre renseignements réclamation Fabre adressée lieutenant-gouverneur.

ANNEXE N° 22

Colonies à lieutenant-gouverneur, Paris.

Paris, 9 mars 1890.

Question posée hier à Chambre sur incidents Dahomey. Déclaration gouvernement favorablement accueillie. Il résulte toutefois impressions recueillies que Parlement peu favorable à toute action qui n'aurait pas pour objet exclusif faire respecter traités et protéger nos nationaux. Suis amené à penser, d'après vos derniers télégrammes, que forces dont disposez augmentées de renforts amenés par *Ardent* et *Brandon*, auxquels pourraient s'ajouter, si indispensable, 100 disciplinaires envoyés du Sénégal par paquebot 20 mars, vous permettraient agir vigoureusement contre Dahomey, de manière à amener le roi à composition sans vous avancer dans intérieur.

Pourrions-nous contenter occuper Whydah et faire blocus côte jusqu'à signature traité reconnaissant nos droits sur territoire Kotonou et protectorat Porto-Novo et contenant clause par laquelle roi renoncerait formellement à sacrifices humains? Câblez votre avis sur possibilité cette solution, après vous être concerté avec commandant Terrillon et, si possible, sans que cela retarde réponse avec commandant *Sané*. Vous met en garde contre tout entraînement obligeant à expédition, qui serait difficilement acceptée par le Parlement et opinion publique.

ANNEXE N° 23

Lieutenant-gouverneur à Colonies, Paris.

Kotonou, 10 mars.

. . . .

Sans nous avancer dans intérieur, pourrions occuper Whydah, isoler Dahomey par blocus, et roi, malgré orgueil, sera obligé reconnaître traité. Devons nous défier mauvaise foi Dahomey. Terrillon admet solution précédente, mais croit préférable détruire Abomey; estime qu'un bataillon de légion étrangère, 2 compagnies d'infanterie de marine, tirailleurs actuels, 1 batterie artillerie de 80^{mm} et les différents services permettront occuper Abomey et ruiner définitivement prestige Dahomey.

Commandant *Sané* répond officieusement, question ne lui étant pas soumise par département. Estime renfort nécessaire pour conserver Kotonou et protéger Porto-Novo; estime renforts devant être considérables si nous voulons posséder côte jusqu'à Grand-Popo, qui peut faire prendre Whydah.

ANNEXE N° 24

Colonies à lieutenant-gouverneur, Kotonou.

Paris, 13 mars.

Conseil ministres s'est formellement prononcé contre marche Abomey et toute opération engageant expédition. Tenez-vous strictement à programme précédemment indiqué : occupation Whydah et conclusion aussi prompte que possible traité confirmant traité antérieur, avec indemnités pour nationaux et étrangers qui auront subi préjudice par suite hostilités.

ANNEXE N° 25

Lieutenant-gouverneur à Colonies, Paris.

Kotonou, 25 mars.

M. Randad (1) m'engage à faire occuper rapidement Whydah pour protéger Européens restants. Soldats portugais internés dans fort ne peuvent plus communiquer avec rade depuis le 4 mars.

ANNEXE N° 26

Lieutenant-gouverneur à Colonies, Paris.

Kotonou, 4 avril.

Consul allemand parti pour Cameroon où va demander envoi d'un aviso allemand pour protéger Whydah.

ANNEXE N° 27

Marine à Sané, *Kotonou.*

Paris, 1er avril.

Au moment où expédition est projetée contre Whydah, je désire savoir si colonel dispose forces suffisantes pour garder Kotonou, Porto-Novo, prendre Whydah et s'y maintenir pendant quelque temps sûrement sans renforts. Réponse précise.

ANNEXE N° 28

Sané *à Marine.*

Kotonou, 3 avril.

Ariège arrivé; tout bien.

Les forces dont dispose colonel atteignent à peine 700 disponibles.

---

(1) Le consul allemand.

Il faudrait 1,500 hommes renfort et service organisé approvisionnements, transports, ambulance, hôpital, pour garder Kotonou et Porto-Novo, marcher sur Whydah, prendre la ville et s'y maintenir. Tout le pays est en armes. Si état guerre continue, il est urgent bloquer avec cinq navires pour arrêter introduction, déjà commencée, d'armes perfectionnées.

ANNEXE N° 29

Marine à Sané, *Kotonou.*

Paris, 8 avril.

Dispositions militaires pour assurer blocus effectif, occuper solidement Kotonou et Porto-Novo et repousser vigoureusement toute attaque ne doivent pas vous empêcher d'ouvrir, dès maintenant, si possible, des négociations soit par vous-même, soit par auxiliaires rétribués au besoin, sur les bases suivantes :

Restitution des Européens prisonniers; maintien de Kotonou comme possession française ; transaction relativement aux douanes perçues par nous à Kotonou, qu'on pourrait remplacer par allocation annuelle à Dahomey.

Donnez votre sentiment.

ANNEXE N° 30

Marine à Sané, *Kotonou.*

Paris, 12 avril.

Profitez circonstance pour faire, si possible, traité régulier réglant définitivement situation au mieux, sans compromettre solution pas trop grandes exigences. Nous comptons sur votre activité et votre prudence pour terminer cette affaire. Si quelques cadeaux nécessaires, usez-en.

ANNEXE N° 31

Sané *à Marine, Paris.*

Kotonou, 21 avril.

Colonel m'écrit, aujourd'hui dimanche, 350 hommes avec trois canons attaqué armée royale signalée vers Vacon; 7,000 ennemis rencontrés à 7 heures à Atch, torrent situé à 7 kilomètres nord-nord-est de Porto-Novo.

Action immédiatement engagée avec grande violence ; troupes formées carré ont repoussé de 7 à 8 h. 1/2 assauts répétés. Ennemi dessine attaque enveloppante, menace Porto-Novo. Munitions diminuent. Nous avons fait marche en carré face en arrière ; repoussé victorieusement tous les assauts pendant une heure. Troupes admirables. Pertes ennemi : 300 tués, autant blessés. Nos pertes : tués 4 miliciens ; blessés grièvement : 1 disciplinaire, 6 tirailleurs ; blessés légèrement 22. Les soldats de Toffa ont 20 blessés légèrement.

ANNEXE N° 32

Saué *à Marine, Paris.*

Kotonou, 22 avril.

Après renseignements reçus hier au soir, le roi lui-même marche avec armée, non pour prendre esclaves, mais pour détruire Porto-Novo. Renforts demandés nécessaires, non pour aller en avant, mais pour repousser agresseur.

Il faudra expédition sérieuse spécifiée dans votre télégramme du 10. Programme : marche sur Abomey par Porto-Novo. Moyens : 1,500 tirailleurs sénégalais, 1,500 hommes troupes blanches avec artillerie, transports et nombreux porteurs indigènes ; service organisé d'approvisionnements, ambulances, les étapes fortifiées pour renvoi en arrière malades et blessés, un transport hôpital à Kotonou. Un transport aviso avec division navale des troupes actuelles d'occupation renforcées suivant demande d'hier sont en dehors des 3,000 hommes nécessaires ; blocus continué ; occupation de plage de Whydah, prise de ville par troupes détachées de colonne de marche. J'ai fait tirer quatre obus en parallélogramme autour de Whydah pour prouver à habitants possibilité de bombardement si nécessaire.

ANNEXE N° 33

Saué *à Marine, Paris.*

Kotonou, 24 avril, 9 h. 20 matin.

Renseignements reçus hier à 6 h. 1/2 : situation très grave à Porto-Novo. Armée royale a détruit les villages autour de la ville et campe petite distance ; se dispose attaquer en grand nombre.

Est-ce que je peux débarquer à Kotonou 25 marins, que me demande colonel?

ANNEXE N° 34

Marine à Sané, *Kotonou.*

Paris, 26 avril.

Vous allez recevoir par *Roland* cent tirailleurs. Je vais armer un transport qui vous portera une compagnie de fusiliers marins, des approvisionnements et des munitions. Déjà le bateau des Chargeurs-Réunis, partis de Bordeaux le 10, vous apportera vivres, approvisionnements et munitions. Quand *Naïade* arriver, elle pouvoir débarquer sa compagnie. Dites-moi clairement si ce renfort personnel, environ 300 hommes, sans compter les 50 disciplinaires arrivés par *Mésange*, vous permettra de vous défendre avec certitude.

ANNEXE N° 35

Sané *à Marine, Paris.*

Kotonou, 28 avril.

Je fais tirer quelques obus sur Whydah pour hâter les négociations.

ANNEXE N° 36

Marine à Sané, *Kotonou.*

Paris, 28 avril.

Tout en restant énergique, ne pas perdre une occasion d'essayer de traiter.

ANNEXE N° 37

Sané *à Marine, Paris.*

Kotonou, 30 avril.

Je vais à Whydah, où *Kerguelen* a lancé quelques obus pour amener pourparlers.

ANNEXE N° 38

Lettre du Ministre de la marine au commandant du Sané.

Je crois devoir insister tout particulièrement sur l'intérêt que le gouvernement attache à arriver le plus promptement possible et dans les meilleures conditions à l'aplanissement, par la voie de négociation, de notre différend avec le roi de Dahomey. Vous voudrez donc bien, tout en agissant avec énergie, ne perdre aucune occasion d'essayer de traiter sur les bases mentionnées dans ma dépêche du 8 avril, adressée au commandant du *Sané;* la réussite dans ce sens serait le résultat dont nous vous saurions le plus de gré, s'il n'a pas été obtenu avant votre arrivée sur les lieux.

Comme je l'ai d'ailleurs indiqué au commandant Fournier, notre objectif est de nous maintenir à Kotonou et à Porto-Novo, quels que puissent être les efforts tentés par les Dahoméens pour nous déloger; mais il ne sera pas fait, à moins d'événements imprévus, d'expédition contre Whydah.

Je vous invite à vous maintenir strictement dans cette voie, dont le gouvernement n'entend pas se départir.

ANNEXE N° 39

Lettre du Ministre de la marine au commandant du Sané.

Paris, le 19 mai 1890.

Je ne saurais qu'insister sur les recommandations que je vous ai adressées dans ma dépêche du 3 mai, relativement à la ligne de conduite que vous aurez à suivre vis-à-vis du Dahomey.

« Les vues du gouvernement n'ayant pas varié, vous devrez, si, à votre arrivée à Kotonou, un traité n'est pas encore intervenu, chercher par tous les moyens à en assurer la conclusion, sans vous départir des mesures militaires susceptibles d'intimider l'ennemi.

. . . .

» Je suis bien persuadé, Monsieur le contre-amiral, que vous emploierez toute votre sagacité, toute votre activité à poursuivre, suivant le vœu du gouvernement, la conclusion d'un arrangement; aucun succès ne saurait vous faire plus d'honneur que la clôture par voie transactionnelle de l'incident du Dahomey.

ANNEXE N° 40

Sané *à Marine, Paris.*

Kotonou, 15 juin.

J'apprends à l'instant que le roi Kondo (Behanzin), après levée en masse, a fait un raid sur Abéokuta et enlevé environ mille esclaves pour prochains sacrifices ; après ses échecs de Kotonou et de Porto-Novo, il ne pouvait rentrer à Abomey sans victimes. Il a été là où certain d'en obtenir le plus facilement ; ainsi s'explique son inaction contre nos lignes.

ANNEXE N° 41

Sané *à Marine, Paris.*

Kotonou, 2 juillet.

Négociations engagées par commandant Fournier n'aboutissent pas. Messagers pas revenus; difficile parvenir au roi, plus difficile encore lui faire entendre raison. Kondo (Behanzin) proclame que la France lui a demandé pardon; aucun fond à faire sur ses promesses; il reçoit poudre et armes ; cherche à gagner temps pour levée en masse. Je tenterai démarche pacifique.

ANNEXE N° 42

Lettre du contre-amiral de Cuverville au Ministre de la marine.

Kotonou, 3 juillet 1890.

. . . .

En résumé, l'armée dahoméenne est toujours menaçante. Bien que, depuis mon arrivée, j'aie soigneusement évité tout acte d'hostilité et suspendu même la reconnaissance du Ouémé, reconnaissance qui ne se fera pas sans échange de coups de fusil. Bien que M. Sicialino ait fait savoir au roi mon désir de hâter une solution pacifique, aucun symptôme d'apaisement, aucun signe de lassitude ou de désir d'entrer en arrangement ne se manifeste chez le roi Behanzin. Sans doute, son peuple et les peuples voisins accueilleront comme une vraie délivrance la transformation du régime actuel, qui les écrase; mais les dissensions intérieures qui peuvent exister dans le pays ne se manifesteront que le jour de la marche sur Abomey; ce jour-là seulement, les ennemis séculaires du Dahomey se joindront à nous.

. . . .

ANNEXE N° 43

Lettre du P. Dorgère à l'amiral commandant en chef.

Whydah, le 29 août 1890.

. . . .

Grâce à Dieu, jusqu'ici tout va pour le mieux; j'ai sondé le terrain et je suis fort incliné à croire que, s'il y a une difficulté, elle portera sensiblement sur la force que le Gouvernement mettrait à Whydah.

ANNEXE N° 44

Lettre du contre-amiral de Cuverville au Ministre de la marine.

Kotonou, le 4 octobre 1890.

. . . .

Les négociations ont été fort laborieuses. Quinze jours de palabres avaient amené entre les autorités dahoméennes et mes représentants une tension de rapports qui a pu faire supposer à quelques-uns de ces derniers que leur sécurité personnelle pourrait bien être compromise. L'arrivée de la *Naïade* a mis fin à cette situation.

ANNEXE N° 45

Marine à Sané.

Kotonou, le 15 août 1890.

Gouvernement espère toujours que vous traiterez pour peu que conditions soient avantageuses.

ANNEXE N° 46

Sané *à Marine, Paris.*

Kotonou, 7 septembre.

P. Dorgère a amené grande détente permettant négociations avec chances de succès. Trente-cinq prisonniers mis en liberté. Roi demande indemnité 1,500 livres sterling pour Kotonou et ne veut pas reconnaître notre protectorat sur Porto-Novo.

ANNEXE N° 47

Marine à Sané. *Kotonou.*

Paris, 11 septembre.

Vous êtes libre lever le blocus si cette mesure doit favoriser négociations.

ANNEXE N° 48

Récompenses accordées aux militaires qui se sont plus particulièrement distingués pendant l'expédition.

(*Décret du* 6 *mai* 1890.)

Ont été nommés au grade de chevalier de la Légion d'honneur :

M. Lemoine (Charles-Edmond), capitaine au régiment de tirailleurs sénégalais ; 19 ans, 7 mois de service, 5 campagnes dont 1 de guerre ; brillante conduite aux combats des 1er et 4 mars 1890 (Dahomey).

La médaille militaire a été conférée aux nommés :

Tisserand (Jules), clairon au régiment de tirailleurs sénégalais ; 4 ans de services, 2 campagnes, 1 blessure grave. Est revenu sur le champ de bataille après un premier pansement pour aider à soigner les autres blessés.

Boubakar-Demba, soldat de 1re classe au régiment de tirailleurs sénégalais ; 6 ans 9 mois de services, 1 blessure. A continué à combattre jusqu'à la fin de l'action.

Clavérie (Galig-Jean-Pierre), sergent aux tirailleurs gabonais; 9 ans 4 mois de service, 6 campagnes, dont 4 de guerre, 2 blessures. Est resté constamment à son poste malgré ses blessures.

(*Décision ministérielle du* 12 *mai* 1890.)

Une médaille d'honneur de 2e classe, en argent, a été décernée aux sieurs Michel Pueye, Sésé-Fala et Malik-Diakaté, soldats au régiment de tirailleurs sénégalais, en raison de leur belle conduite et des blessures qu'ils ont reçues dans les combats livrés aux environs de Kotonou les 21, 23 février, 1er et 4 mars 1890.

(*Décret du* 11 *juin* 1890.)

Est promu au grade de commandeur de la Légion d'honneur :

M. Fournier (Charles-Hyacinthe-Raymond-Léopold), capitaine de vaisseau, commandant le croiseur le *Sané*; 33 ans 1/2 de services, dont 26 à la mer. Officier du 21 janvier 1871. Services distingués rendus comme commandant des forces de terre et de mer dans nos établissements du golfe de Bénin.

(*Décret du* 10 *juillet* 1890.)

Ont été promus au grade de chevalier de la Légion d'honneur :

M. Arnoux (Barthelemy-Fortuné), capitaine aux tirailleurs sénégalais; 19 ans 10 mois de services, 6 campagnes dont 2 de guerre.

M. Compérat (Eugène-Alexandre), lieutenant aux tirailleurs sénégalais; 11 ans 9 mois de services, 9 campagne, 1 blessure. Brillante conduite aux combats de Kotonou et de Porto-Novo.

M. Szymanski (Louis), lieutenant aux tirailleurs sénégalais; 5 ans 7 mois de services, 2 campagnes dont 1 de guerre, 1 blessure. Brillante conduite au combat du 20 avril (Dahomey).

M. Tiffon (Guillaume), sous-lieutenant aux tirailleurs sénégalais; 8 ans 6 mois de services, 1 campagne de guerre, 1 blessure. Brillante conduite aux combats de Kotonou et de Porto-Novo.

La médaille militaire a été conférée aux nommés :

Bassale (Victor-Félix), premier maître de manœuvre; 20 ans de services, dont 14 ans 1/2 à la mer, 1 blessure. Tonkin. Belle conduite au Dahomey.

Bara (Eugène-Victor), brigadier d'artillerie de marine; 2 ans 5 mois de services, 2 campagnes. Belle conduite au combat du 20 avril (Dahomey).

Morainville (Jean-Romain-Wilfred), premier canonnier d'artillerie de marine; 3 ans 6 mois de services, 2 campagnes, dont 1 de guerre. Belle conduite à Kotonou.

Leroy (Marie-Joseph-Jules), sergent-major d'infanterie de marine; 11 ans 3 mois de services, 4 campagnes, dont 1 de guerre. Belle conduite au Dahomey.

Malvert (Emile-Jean-Baptiste), soldat d'infanterie de marine; 2 ans 3 mois de services, 1 campagne, 1 blessure grave. Belle conduite au combat de Godomey.

Cartigny (Emile-Louis-Jacques), sergent aux tirailleurs sénégalais; 3 ans 9 mois de services, 2 campagnes. Belle conduite dans divers combats livrés autour de Kotonou.

Samba-Adam, soldat indigène aux tirailleurs sénégalais; 10 ans de services, 7 campagnes, 2 blessures. Brillante conduite au combat d'Atchoupa.

Peigné (Jules-Paul-Auguste), sergent à la 1re compagnie du corps des disciplinaires; 2 ans de services, 1 campagne, 1 blessure. Belle conduite au combat du 20 avril (Dahomey).

Thiéry (Constant), caporal à la 1re compagnie du corps des disciplinaires; 3 ans 3 mois de services, 1 campagne, 1 blessure grave. Belle conduite au combat du 20 avril (Dahomey).

(*Décret du* 30 *décembre* 1890.)

La médaille militaire a été conférée au nommé Baschet (Pierre-Georges), sergent-major aux tirailleurs sénégalais; 11 ans 8 mois de services, 5 campagnes, dont 1 de guerre. Belle conduite dans divers combats au Dahomey.

(*Décision ministérielle du* 15 *janvier* 1891.)

M. Terrillon (Sébastien-Marie-René), lieutenant-colonel d'infanterie de marine, est inscrit sur le tableau d'avancement pour faits de guerre au Dahomey.

Paris et Limoges. — Impr. milit. Henri Charles-Lavauzelle.

92

www.ingramcontent.com/pod-product-compliance
Ingram Content Group UK Ltd.
Pitfield, Milton Keynes, MK11 3LW, UK
UKHW020336230726
13925UKWH00002B/830

9 782014 070392